어디일까요

빛나는 시 100인선 · 041

어디일까요

유자효 시선집

인간과문학사

• **시인의 말**

시 쓰기는 영혼의 노래 부르기

올해 나는 고희가 되었다. 작년까지는 "아직 60대 젊은 오빠"라며 자위해왔으나 이젠 노인임을 피하지 못하겠다. 이러던 차에 인간과문학사의 '빛나는 시 100인선'으로 선집을 내게 되었다. 이 선집에 실려 있는 70편의 시는 내 나이 70을 상징하기도 한다.

글쓰기는 삶의 한 모습이다. 우리가 살아가면서 다양한 생명 현상을 겪듯 글쓰기는 살아 있음의 표현이다. 그 가운데서도 시 쓰기는 영혼의 노래 부르기라고 할 것이다. 그만큼 진실된 행위이다. 진실을 버리면 시도 떠난다. 진실하게 부르는 노래이니 가장 원초적인 예술 행위라고 할 것이다. 정신에 위안을 주고 창조 욕구를 충족시키기 때문에 사람들은 시를 쓴다.

시는 자연발생적으로 온다. 예술적 재능이 가장 순수한 아동기에 발견되듯이 시도 마찬가지이다. 타고난 재능에 갖가지 체험과 상상력이 덧칠되면서 시인이 된다. 부지런한 노력이 할 수 있는 일은 그 다음쯤이라 할 것이다.

이 선집에 실린 시들은 그동안 나온 시집 12권에서 대체로 발표순으로 배열해본 것이다. 시조는 따로 묶어볼 생각이다.
　나는 이제 좀 긴 시를 쓰고 싶다. 그리고 내용이 두꺼운 시를 쓰고 싶다. 이 시선집을 엮으며 충분히 행복했으니 이제 다음 역을 향하여 떠날 때가 되었다.
　어려운 가운데 작품론을 써주신 장경렬 교수님, 시선집 출간을 제의해주신 유한근 교수님께 각별한 감사의 마음을 전한다.

2016년 여름에
유 자 효

어디일까요

차례

시인의 말

1부 아기의 춤
정釘 1　12
정釘 4 – 눈먼 걸인　13
정釘 9　14
양산을 지나며　15
떠날 줄 알게 하소서　16
안부　17
아기의 춤　18
지등紙燈　20
성 수요일의 저녁　22
소묘 3제　23

2부 짧은 사랑
남불南佛의 샹송　26
꾸즈코 기행　27
이 가을에 우리는　31
짧은 사랑　33
이 세상의 어버이와 아들 딸에게　34
어느 날의 울음 이야기　36

할아버지의 시계 40
예언자 41
아침 송頌 45
추석 46

3부 누나의 손

누나의 손 48
소나무 49
폭설 50
은하계 통신 51
아버지의 힘 53
5월 - 김수남에게 54
가을 통신 55
인생 57
서울과 도쿄의 부처 58
옛 시풍으로 59

4부 안국역에서 교대역까지

봄의 찬가 62
개 64
세한도 歲寒圖 66
어깨 68
인생의 봄을 맞은 아들에게 69
어디일까요 71
아침 식사 73

못 74
성스러운 뼈 75
안국역에서 교대역까지 76

5부 심장
새해 78
가족사진 80
평화 81
타밀 반군에게 82
주머니 속의 여자 85
눈 내린 날 아침 86
아쉬움에 대하여 87
심장 1 88
심장 2 89
아픔 90

6부 기회
일상사 92
타지마할 94
바라나시 96
윤회 97
다르마 98
뼈다귀 99
기회 100
러시아 여인 102

아내 103
첼로 104

7부 세상에서 가장 큰 주먹
용서 106
아직 107
전송 108
새벽에 110
그 동네 111
세상에서 가장 큰 주먹 112
노래·1 113
노래·2 114
비롯됨 115
한들거림 116

■ 유자효의 시세계
'사랑'의 시 시계를 찾아서 | 장경렬(서울대 영문과 교수) 117

1부

아기의 춤

정釘 1

햇빛은 말한다
여위어라
여위고 여위어
점으로 남으면
그 점이 더욱 여위어
사라지지 않으면
사라지지 않으면
단단하리라

정釘 4
— 눈먼 걸인

울지 마세요
붉은 어깨 위로 눈이 녹는다
우리 마을 어귀에서
그는 떨며 앉아 있고
깊은 눈은 언제나
젖어 있다
아이들은 지나치면서도
알지 못한다
그가 있는지 없는지를
눈이 오고
아이들이 자라서
가지고 싶어하며
세상에서 건져지고
이제는 언제부터 그가 사라졌는지
알지 못한다
울지 마세요

정釘 9

이마에 보석 같은 땀이 맺히어
내 곁에 누워 잠든 가난한 여인

몇 만 년 전
빙하기 말엽
털투성이의 나는
담배씨 한 알만한
햇살 찾아 헤매었더니

이제 다시 가난한 여인이 되어
내 곁에 누워 잠들고 있네

양산을 지나며

양산 어귀에서 어머니를 만났다
이상하여라
우리 집 앨범 깊숙이
살이 후덕한 처녀의 모습으로
어머니는 그렇게 걸어가시고
"어머니"
내가 불렀으나 그냥 **뺨**을 붉힌채
다소곳이 마냥 멀어지는 것이었다
풀밭엔 벌레가 울고
달이 너무 밝았다

떠날 줄 알게 하소서

잃을 줄 알게 하소서
가짐보다도
더 소중한 것이
잃음인 것을
이 가을
뚝 뚝 지는
낙과落果의 지혜로
은혜로이
베푸소서
떠날 줄 알게 하소서
머무름보다
더 빛나는 것이
떠남인 것을
이 저문 들녘
철새들이 남겨둔
보금자리가
약속의
훈장이 되게 하소서

안부

반짝이는
고독 속을
무리에서 떨어진
한 마리 비둘기가
기진하고 있다

꽃처럼 취한 아우가
울면서 문을 흔든다

아기의 춤

"여보, 아기가 춤을 추나봐요"
아내는 가만히 배를 누르며 속삭였다
"그래요? 그러면 음악을 틀구려"
모차르트가 흘렀다
"여보, 얘는 제 마음을 잘 아는가 봐요
제가 고단하면 잠을 자요
제 마음이 편안하면 잠을 깨지요"
나의 품에 안기는
아내는 아기의 우주
"누가 가르칠까요?
우리 아가의 춤을"
"그것은 별
그것은 바람
그것은 시간
그것은 햇빛
그리하여 그것은
목숨이라고 부르는

위대한 안무가지요"
아내는 잠들고
나의 손 끝에서
아기는 홀로
율동의 실오라길 이어가는데
하늘에는 끊임없이 유성의 해일이 일고

지등 紙燈

불을 밝히면
다소곳이 이루어지는 빈 터에
젖빛으로 흔들리는 물길을 마련하고
어머니는 물레를 자으신다

끝없이 풀리는 실의 한 끝을
탯줄처럼 목에 감고서
밤을 건너는 나의 울음은
새벽녘 문풍지를 흔드는
쓸쓸한 들판의 바람이 된다

시간은 깊이 떨어져 내려
한 곳에서 일렁이는
갈매빛 적막

잠든 나의 곁에서
홀로 아파하던 어머니는

무명 옷 곱게 입고 떠나가시고
그 물길의 저 편에서
이제는 홀로 내가 떠나고 있다

성 수요일의 저녁

하늘에는 참 계시가 내린 듯합니다
교회와 성당의 종들이 잇달아 울어
진홍빛 구름들을 밀어가고 있습니다
당신이 떠나신 날은 성 수요일의 저녁
나의 곁에 있을 때의 당신은 언제나 연약했건만
떠나신 후 이다지도 나에게 커다랗게 남아 있음은
당신의 그 어떤 비밀스런 힘 때문일까요
태풍을 몰아오는 열대의 바람
저 싱싱한 청어들을 뛰게 만드는 북빙양 해류
눈에 뜨지 않는 그 큰 힘들은
나자렛 가난한 목수의 아들을 알지 못하는 나를
호젓이 무릎 꿇게 만드는 것입니까
진실로 우리에게 영원히 남는 것은 연약함이며
우리 모두에게 들려오는 소생의 울음 소리
오늘 성 수요일의 저녁
하늘은 또 어떤 모습으로 나에게 나타나는 것입니까

소묘 3제

1
돌이켜 칠 수 없기 때문에
그래서 가슴 저미는
안쓰러움

창 밖에 차청의 비가 뿌리면*
처녀 몸매같이 서러운
일지화一枝花

2
손 모으고 앉으면
모두가 낡은 얘기

귀또리 울음 스산한
섬돌

창호지에 나무 걸려
일렁이면 한 줄기 바람이 된다

3
오랜 장롱에서
남치마
옥저고리 꺼내시던 어머니

지환指環마냥 흔들리는 촛불

가지는
그림자로
굳어버린다

---

* 최치원 시 〈추야우중秋夜雨中〉의 '창외삼경우窓外三更雨'에서 따옴

2부

짧은 사랑

남불南佛의 샹송

액상 프로방스에서 80년을 산 할머니는
어려서부터 밤이면
중세의 어린이들과 놀고
코린트 식의 성당에서
잿빛 모자로 얼굴을 가린 수토사들로부터
예수의 얘기를 들었었다네
액상 프로방스의 바람은
중세의 바람
할머니의 말씀을
젊은이들은 알지 못하고
그러나 남불의 작열하는 태양과 무성한 잎새들은
오늘도 중세의 바람으로 흔들리고 있었던 것을
태양과 나무, 바람과 대화하던 할머니는
귀먹고 눈멀어
자유를 얻고
영원히 온화한
과거의 시간
그 품에 이제는 평안히 안기었다네

꾸즈코 기행

그들은 이곳을 생명의 탯줄
'꼬스꼬'라고 불렀다
오늘은 스페인식 발음으로 '꾸즈코'라고 불리는
잉카의 수도에서
내가 만나는 인디오의 아이
잉카의 네 왕국이 만나던
영화와 번영
세계의 중심이
한 눈에 내려 보이는
해발 3천 5백 미터의 고지에는
바람이 거셌다
"세뇰, 세뇰"
인형을 들고 따라오던
인디오의 아이
일곱 살 난 내 아들보다도 어려 보이는
그러나 그 둥근 얼굴은 내 아들과 얼마나 닮아 있는가
그 목소리는 또 얼마나 내 아들과 닮았는가

정복자들이 점령한
수도의 광장에는
인디오의 지도자들이 학살당하고
정복자들에 의해 명명된 승리의 광장에는
정복자들의 새로운 도시가 서고
인디오의 성전은 허물어지고
그곳에 정복자의 성전이 섰다
'꾸즈코'가 한 눈에 내려 보이는
해발 3천 5백 미터의 고지
잉카가 숭배하던
해와 달과 별, 구름과 무지개
그중에서도 생명을 주신
태양신의 입상은 굵은 로프에 의해 허물어졌다
오늘은 그곳에서 인디오의 수도를 오연히 굽어보고 있는
정복자의 신
　그것은 힘의 입상이었다

"우리는 그들을 죽여도 됩니까?"
"그렇다. 그들은 이교도니까
이교도는 바로 짐승이니까"

오늘도 인디오의 아이는
인형을 하나도 팔지 못했다
바람 부는 해발 3천 5백 미터의 고지
꾸즈코의 언덕에는
인디오의 아이와 어머니 그리고 몇 명의 딸들이 몰려다니며
관광객들에게 조잡한 인형과 물감들인 천들을 사달라고 졸랐다
미국에서, 일본에서, 스페인에서, 포르투갈에서…
그리고 한국에서 온 관광객들은
일찍이 정복자들이 도저히 허물지 못한
거대한 잉카의 돌들을 돌아보고는
몇 장의 사진을 찍고 나서

꾸즈코의 언덕을 떠난다
황토 바람 거센 언덕에는
몸을 날릴 듯한 무서운 바람을 피해
인디오의 일가가 인형과 천들을 가슴에 안은 채 웅크리고 앉아 있었다
다시 듣고 싶은 인디오의 아이의 음성
다시 보고 싶은 인디오의 아이의 얼굴
내 아들과 너무도 닮은 인디오의 아이
그러나 그의 어머니로부터, 아버지로부터
너무나 일찍 단념하는 지혜를 배웠는가
돌아보는 나를 다시는 결코 따라오지 않았다

이 가을에 우리는

무수히 흔들리는 손길들
떠남으로써 얻는
이 풍요한 결실의 의미

살을 비비며
살을 비비며
살아 있다는 것을
휘파람처럼 속삭여주는
저온低溫의 축복

우리가 진정 행복하다는 것은
조금은 쓸쓸한 것임을
조금은 그리운 것임을
그러나
다치지 않고
그러나
상하지 않아야 하는 것임을

노을빛이 태어나는 고장에서
홀연히 다가와
비명처럼 일깨워주고 떠나는
이 가을에 우리는

짧은 사랑

밀바는 언제부터 노래를 불렀을까

눈 내리는 남대문
세모의 밤거리를
가슴 설레며
휘청거리던 젊은 시절에
소름처럼 끼쳐오다가
자지러지던
긴 시간의 공포

그 후 20년
늙은 영혼은
미움과 시기심으로
찢어져 펄럭이고
이제는 가슴보다도
온몸으로 와 닿는
짧은 시간의 공포

밀바는 아직도 노래하고 있을까

이 세상의 어버이와 아들 딸에게

한 아이가 있었네

사람들은 그 아이를
귀머거리라고 했네
벙어리라고 했네

그러나 오직 한 사람
"아니야
그렇지 않아
우리 아이는 들을 수 있어
우리 아이는 말할 수 있어"

1년
2년
3년
10년이 흐르고 나서

사람들은 그 아이의
말을 들었네
"어머니
……
사랑합니다"

어느 날의 울음 이야기

시내버스 안에서
초라한 행색의 한 벙어리 소년이
땀을 흘리며
꾸역꾸역 울고 있었다
주변의 눈치를 살펴보면서
누가 보면 울음을 그치고
시선이 거두어지면
다시 울었다
그러나 그 소년의
땀 흘리는 검은 얼굴에서
샌들을 꿴 때꼽 낀 발가락에서
앙상하게 여윈 팔꿈치에서
헤어나지 못하는 절망과
비탄의 수렁을 볼 수 있었다
소년의 몸에서는 선향 냄새가 났고
울음의 가락은
상주의 것을 닮아 있었다

그리고 굳은 혀에서 새어 나오는
'아바' '아바' 소리를
나는 들었다

어머니의 사망과 아버지의 위독을
동시에 전해 듣고
남으로 달리는 고속버스 속에서
스물일곱 살의 나는
얼마나 절망에 빠져 소리 죽여 울었었던가
구원 받을 수 없을 것 같았던 절망 속에서
쓰러질 것 같았던 허기와 허한 속에서
나는 얼마나 세상을 원망했던가

그로부터 10년
이제 나는 당당한 월급쟁이다
아내와 아들을 거느리고
서민 아파트지만 내 집도 갖고 있는

어엿한 가장
마이카 바람에 따라
승용차 값과
저금통장의 잔고를
저울질할 줄도 아는
잘 훈련된 감성과
튼튼한 몸을 지녔다

어쩌면 행려병자로서 죽어간
홀아버지를 불에 태워 날려 보내고
돌아오는 길인지도 모르는 벙어리 소년에게
나는 이렇게 말하고 싶다
살아라. 살아라
비겁해도 좋고, 비열해도 좋다
질기게, 질기게 살아라
못 견딜 것 같은 절망도, 허무도, 원망도
끈질긴 목숨의 끈 앞에서는

그래도 잊혀지고
어느새 그림자의 한 부분이 되는 것이다
우리는 절망을 극복할 순 없지만
절망이 한눈을 팔고 있을 때
그 순간, 순간들을
억세게, 억세게
목숨의 끈으로 이어가야 하는 것이다

할아버지의 시계

할아버지의 시계는 늦은 가을이다
낮은 소리로 일정한 속도로 간다
이끼 낀 돌담을 울리는 소리
깊고 잔잔한 그 소리는
이슬이 되어 돌에 스민다
할아버지의 시계는 저녁 어스름이다
잠들 시간이 멀지 않아서
온화하고 사랑이 많다
그 소리는 깊이 울려서
벽난로에 잠시 머물다 쓸쓸하게 돌아 선다
하루가 끝나는 고요와 평화로움
호롱불에 펄럭이다 사라지는 그 그림자에서
보았느냐
천사와 같은 아기의 모습
늦은 가을 저녁 어스름
할아버지의 시계는
연약하고 순수한 은빛으로 가고 있다

예언자

그대는 흔히 백발에 앙상히 여윈 팔과 다리로 나타난다
거기에 그대처럼 여윈 지팡이 하나
그러나 그대의 안광만은 형형하게 빛나는 걸로 나타난다
그대의 잠자리는 이나 빈대가 득시글거리는 움막이라든가
쉰 냄새 풍기는 다리 밑 진창 따위
그대의 주위를 싸고 있는 무리는
그대와 방불한 거지들이다
그들은 하나같이 병들어 있고
배가 고프고, 여위어 힘이 없고
가끔 말굽에 짓밟혀
쥐새끼처럼 창자가 터져 길바닥에 나뒹굴어
거적에 덮여 산이나 들로 실려 나가면
처형당한 죄수처럼 널리어 썩어가고
사람들은 코를 막고 지나가지만
그 지독한 냄새를 외면할 뿐
도대체 그대가 귀찮게 하는 이유를 알지 못한다
단지 그들은 그대의 인상이 싫다

그대는 그들처럼 따뜻한 집도 없고
그래서 여자도 없고, 자식도 없고, 물론 하녀도 없고
일주일에 한 번 씩 향유에 목욕도 하지 못하고
휘황한 샹들리에 아래에서 우아한 귀부인들과 댄스도
하지 못하고
도대체 신통찮은 몰골로
신성한 제사장에게 찬물을 끼얹고
통치자의 위엄 있는 옷자락에 흙칠을 한다
냄새나는 몸뚱이로
될 수 있는 대로 엄숙해야 할 장소에 불쑥 들어선다든가
은밀한 거래에도 나타나는 파렴치한이다
그대는 그들의 보석을 훔친 일이 없다
그대는 흉측한 노상강도도 아니며
그들이 사랑하는 여자도, 자식도 죽이지 않았다
단지 그들은 귀찮을 뿐이다
왜 그들의 마차가 지나갈 때 비켜서지 않으며
왜 그들의 칼자루를 두려워하지 않으며

왜 그들의 찬란한 옷매무새를 부러워하지 않으며
왜 그들에게 일일이 항변하며
왜 그들처럼 얼굴이 기름지지 못한가
몇 차례의 음모 뒤에 그들이 그대를 베고
그래도 그들의 증오는 끝나지 않아 갈기갈기 찢어 더러는 나무에도 걸어놓고
더러는 바위짝이나 시궁창에 널어놓고 처박았지만
음모에 가담했던 제사장이며, 통치자며, 군인들이며
스스로 어색하여 시무룩하다
누가 그를 죽였는가
그들의 위엄은 나무에나, 바위짝에나, 시궁창에 함께 뒹굴어 창백하게 바래어 가고
제사장은 통치자에게, 통치자는 군인에게, 군인은 제사장에게
서로 미워하며, 피하며, 또는 서로 두려워하며
공연한 노여움에 시달리면서
그의 죽음을 슬퍼하는 거지들의 울음소리나

함께 베어버리지 못한 그의 시선을 따가와한다
가끔 지각이 균열되고, 용암이 분출하여
수많은 목숨이 일시에 파묻히는 수도 있지만
그대 백발에 앙상히 여윈 팔과 다리
형형한 안광으로 나타나서
풀잎 같은 칼날에 쓰러지면서
무수한 목숨들의 그늘과 그늘로 스미어
그 깊은 뿌리들을 흔들어
지하수에 적시고 다시금 소생케 하는 것이다

아침 송頌

자작나무 잎은 푸른 숨을 내뿜으며
달리는 마차를 휘감는다
보라
젊음은 넘쳐나는 생명으로 용솟음치고
오솔길은 긴 미래를 향하여 굽어 있다
아무도 모른다
그 길이 어디로 향하고 있는지를…
길의 끝은 안개 속으로 사라지고
여행에서 돌아온 자는 아직 없다
두려워 말라
젊은이여
그 길은 너의 것이다
비 온 뒤의 풋풋한 숲 속에서
새들은 미지의 울음을 울고
은빛 순수함으로 달리는
이 아침은 아름답다

추석

나이 쉰이 되어도
어린 시절 부끄러운 기억으로 잠 못 이루고

철들 때를 기다리지 않고 떠나버린
어머니, 아버지

아들을 기다리며
서성이는 깊은 밤

반백의 머리를 쓰다듬는
부드러운 달빛의 손길
모든 것을 용서하는 넉넉한 얼굴

아, 추석이구나

3부

누나의 손

누나의 손

누나의 손은 따뜻하다

천지에 흰 눈이 덮이던 날, 책 보따리를 허리에 두르고 꽁꽁 얼어서 집으로 돌아오면 동구 밖까지 나와서 기다리다가 눈 투성이 코흘리개의 손을 잡아주던 누나의 손은 따뜻했었다

공부를 한다고 호롱불 밑에서 코밑이 까맣게 그을려 졸고 있으면 사탕이며 과자 몇 개를 살며시 쥐어주던 누나의 손은 따뜻했었다

감나무 위에서 까치가 울던 누나가 시집가던 날 아침, 잠꾸러기의 머리맡에 종이돈 몇 장을 손수건에 싸서 놓아두고 이불을 여며주던 누나의 손은 따뜻했었다

이제는 장성한 딸을 시집보내는 누나의 장년

"먼데서 뭐할라꼬 왔노?" 화들짝 놀라며 가방을 받아드는, 어느새 어머니를 **빼닮**은 누나의 손은 아직도 따뜻하다

소나무

생각이 바르면 말이 바르다
말이 바르면 행동이 바르다
매운 바람 찬 눈에도 거침이 없다
늙어 한갓 장작이 될 때까지
잃지 않는 푸르름
영혼이 젊기에 그는 늘 청춘이다
오늘도 가슴 설레며
산등성에 그는 있다

폭설

먹이를 찾아 마을로 내려온 어린 노루
사냥꾼의 눈에 띄어
총성 한 방에 선혈을 눈에 뿌렸다

고통으로도
이루지 못한 꿈이 슬프다

은하계 통신

저 세상에서 신호가 왔다
무수한 전파에 섞여 간헐적으로 이어져 오는 단속음은
분명 이 세상의 것은 아니었다
그 뜻은 알 수 없으나
까마득히 먼 어느 별에서 보내온
자신의 존재를 알리는 신호였다
더욱이 이 세상에서 신호를 받고 있을 시각에
신호를 보내는 저 세상의 존재는 이미 없다
그 신호는 몇 백 년 전, 몇 천 년 전에 보낸 것이기 때문이다
결코 만날 수 없는
아득한 거리와 시간을 향하여 보내는 신호
살아 있는 존재는 어딘가를 향하여 신호를 보낸다
끊임없이 자신을 알리고자 한다
그 신호가 영원을 향하고 있을 때
우리는 그것을 신이 보낸 신호라고 믿는다
신이 살지 않는 땅에서 받는

신들의 간절한 신호
오늘도 저 세상의 주민들은 신호를 보낸다
몇 백 년 뒤, 몇 천 년 뒤의
결코 갈 수 없는 세상의 주민들에게…

아버지의 힘

아직은 잠들 때가 아닙니다
아버님
가실 길이 남았습니다
깨어나십시오
그 용기와 힘을 보여주시고
담대함과 거침없음
사내다움을 보여 주소서
너무나 약해빠져
실패를 겁내며
속으로만 욕을 하면서
한만 쌓아가는 약골들에게
벼락을 내리소서
아버님
깨어나소서

5월
— 김수남에게

왈칵
눈물이 솟구쳐 흐를 것 같다
한 이틀 비 내리더니
세상의 먼지 모두 씻기고
투명한 바람
서울에서 개성의 송악이 보인다
이렇게 깨끗한 날을 선물한 날

신은
곁에 두고 싶은 사람 한 둘을
데리고 간다

가을 통신

할아버지의 할아버지
그 할아버지의 할아버지가
까마득한 손자에게 통신을 전해왔다
갈색으로 붉은색으로 노란색으로
산하를 가득 채운 빛깔들에 가슴 설렘은
할아버지의 할아버지
그 할아버지의 할아버지가 설레어 했던
그때의 마음이다
오늘 나는 하나의 통신을 보낸다
내 손자의 손자
그 손자의 손자에게
시간을 타고 흐를 통신은
까마득한 시간을 거쳐
내게 전해온 바로 그
가득한 빛깔들의 설레임이다
끝없이 이어지는 황홀한 흐름
그 유현함

때로는 짧게
때로는 길게
시간은 아름답게 흐르고 있다

인생

늦가을 청량리
할머니 둘
버스를 기다리며 속삭인다

"꼭 신설동에서 청량리 온 것만 하지?"

서울과 도쿄의 부처

10층 아파트에서 불이 나자 아버지는 여섯 살 난 딸을 품에 안고 뛰어내려 딸은 살리고 아버지는 숨졌다
  일본에 유학 간 한국 청년이 선로에 떨어진 일본인을 구하려다 전철에 치여 함께 숨졌다

2001년 서울과 도쿄에 부처님이 살고 계셨던 것을 우리는 그들의 입적 후에야 알 수 있었다

옛 시풍으로

나 이제 저자에서 떠나가리라
갈잎에 소소히 부는 바람에
사랑도 미움도 휘파람처럼
허공을 적시며 사라지노니
먼 훗날 길손이 나를 찾거든
목숨이 부끄러워 숨었다 하라

나 이제 저자에서 돌아가리라
바위에 산산히 깨진 파도에
청춘도 원망도 물보라처럼
바다를 때리며 스러지노니
먼 훗날 길손이 나를 찾거든
목숨이 부끄러워 숨었다 하라

4부

안국역에서 교대역까지

봄의 찬가

지난 겨울 큰 눈에
이 숲의 늙은 괴목이 쓰러졌지요
늙은 괴목이 쓰러지면서
나무가 살아온 오랜 세월도 함께 쓰러져
눈 속에 깊이깊이 파묻혔지요
어느새 이 숲에 새들의 지저귐이 살아날 때 쯤
눈은 녹고
개울의 흐름을 보태었지요
물기를 뒤집어쓰고 모습을 드러낸 쓰러진 괴목
아, 거기엔 기적처럼
작은 잎새 하나가 피어 있었죠
그 잎새에 이제 막 당도한 햇살이 밝은 인사를 전하자
숲은 우렁차게 움직이기 시작했어요
무지개 빛으로 반짝이면서 기지개 켜고
앙상하던 가지들이 몸을 떨면서
긴 겨울을 살아냈음을 축복했지요
그래요

살아 있음은 복된 것이었어요
그 무서운 계절에 굴복하지 않았음은 참으로 장한 일이었어요
죽어 쓰러진 괴목마저도 온전히 죽은 것이 아니었어요
삶을 찬미하는 봄에
이 거룩한 봄에
우리 다시 눈물겨운 출발을 시작했어요

개

의정부에서 열린 전국 시낭송 경연대회 경기도 예선
눈먼 여인이 누런 개의 인도를 받으며 건물로 들어섰다
대회장의 밖에 개는 공손하게 앉았다
여인은 화장실로 가서 짊어지고 온 가방을 풀어 한복으로 갈아입었다
여인의 차례는 마지막이었다
몇 번을 맨발로 연습한 대회장 바닥의 감각을
맨발로 확인하며 단상에 올랐다
아무도 그녀가 눈이 먼 줄 몰랐다
여인은 창과 함께 시를 낭송했다
낭송은 다소 서툴렀지만 절절한 한 같은 것이 묻어 있었다
여인의 차례가 끝나고 화장실에서 옷을 갈아입는 동안
개는 눈을 끔벅이며 구석에 묵묵히 엎드려 있었다
누가 바라보면 개도 그를 물끄러미 바라보았다
어진 눈
어진 눈이었다
아무런 소리도 내지 않았다

마치 어느 착한 사람이 개의 형상을 하고 구석에 웅크리고
있는 듯했다
　여인은 장려상을 타고
　개는 다시 여인을 인도해 건널목을 건넜다
　아무도 그 개의 소리를 듣지 못했다
　묵묵히 엎드려 있던 누런 등과
　천천히 끔벅이던 어진 눈
　이름 없는 무수한 성자 중의 하나가
　개가 되어 여인을 인도하고 있었다
　저 흔한 우리 누렁이 중의 하나가 되어

세한도 歲寒圖

뼈가 시리다
넋도 벗어나지 못하는
고도의 위리안치圍籬安置
찾는 사람 없으니
고여 있고
흐르지 않는
절대 고독의 시간
원수 같은 사람이 그립다
누굴 미워라도 해야 살겠다
무얼 찾아냈는지
까마귀 한 쌍이 진종일 울어
금부도사 행차가 당도할지 모르겠다
삶은 어차피
한바탕 꿈이라고 치부해도
귓가에 스치는 금관조복의 쏠림 소리
아내의 보드라운 살결 내음새
아이들의 자지러진 울음소리가

끝내 잊히지 않는 지독한 형벌
무슨 겨울이 눈도 없는가
내일 없는 적소에
무릎 꿇고 앉으니
아직도 버리지 못했구나
질긴 목숨의 끈
소나무는 추위에 더욱 푸르니
붓을 들어 허망한 꿈을 그린다

어깨

내 어깨에 기대어라
네 눈물을 닦아주마
쉴 곳 없는 이 도시를
소리 없는 하얀 눈이 감싸 안듯이
쉬지 못하는 네 영혼
조용한 이곳에 깃들려무나
강은 얼어 수백 리
철새는 자취 없고
우리도 이제 더 이상 떠날 곳 없다
네 어깨를 내어다오
이제는 지친 내가 기대고 싶다

인생의 봄을 맞은 아들에게

네 어미에게 들었다
"엄마, 왜 이렇게 가슴이 미어지지?
미칠 것만 같아"
애야
봄은 그런 것이다
미어질 것 같은 가슴으로 삶은 망울을 맺는 것이지
엄마에게 물었다지
"엄마도 그래?"
엄마도 그랬었지
그러나 이제 엄마는 봄에 가슴이 미어지지는 않지
엄마는 여름을 사랑하지
그 더위의 왕성한 생명력과 푸름을 그리워하지
엄마는 오히려 가을에 가슴이 무너지는 경험을 하지
싸늘한 바람이 대지를 적실 때
엄마의 가슴은 낙엽 한 올에도
"덜컹"
떨어지는 무게를 체중 가득히 느끼는 것이다

애야
봄에 가슴이 미어지지 않는다면
어찌 그것을 청춘靑春이라고 이름했겠니
계절에서 밀려나는 엄마가 보는
계절의 시작인 네가
너무나 사랑스럽다고
잠 안 오는 밤에 내게
말하더구나

어디일까요

남들이 도저히 찾을 수 없는 곳에
나만이 아는 곳에 간직해주마
내가 가장 잘 약속을 지킬 수 있는 곳에
전쟁이 일어나도 파괴할 수 없고
그 어떤 폭력으로도 훔칠 수 없는
우주에서 가장 안전한 곳에 간직해주마
나를 믿으면
절대로 나를 믿으면
조금도 염려하지 않을 곳으로 데려가 주마
가난해도 좋고
병약해도 좋고
늙어도 좋다
그 어떤 힘과 권력이 위협한다고 해도
세상의 부가 사려고 해도
심지어 시간의 횡포로써도
도저히 빼앗아 갈 수 없는 곳에 간직하고 있으마
나는 너를 볼 수 있다

언제나 보고 싶을 때 너는 내 앞에 떠오른다
그 신비의 기억 속에 너를 간직하마
소중한 이여

아침 식사

아들과 함께 밥을 먹다가
송곳니로 무 조각을 씹고 있는데
사각사각사각사각
아버지의 음식 씹는 소리가 들린다
아 그때 아버지도 어금니를 뽑으셨구나

씹어야 하는 슬픔
더 잘 씹어야 하는 아픔

못

자식은 부모 가슴에 못을 박는다
부모가 돌아가시면 그 못은 빠져
어느새 자식의 가슴에 와서 박힌다
그 못이 삭아갈 때쯤 자식의 자식이 다시 못을 박는다

우리는 늘 가슴에 못 하나 박히며 산다

성스러운 뼈

불에도 타지 않았다
돌로 찧어도 깨어지지 않았다
고운 뼈 하나를 발라내어
구멍을 뚫었다
입을 대고 부니 미묘한 소리가 났다
그 소리는
번뇌를 달래는 힘이 있었다
사랑을 북돋아 주진 못하지만
고통을 어루만지는 부드러운 힘
오직 사람의 뼈이어야만 했다
평생을 괴로워하면서 살아
그 괴로움이 뭉치고 뭉쳐
단단하고 단단하게 굳어진 것이어야만 했다
그 어떤 불로도 태우지 못하고
그 어떤 돌로도 깨지 못하는
견고한 피리 하나가 되기 위해선

안국역에서 교대역까지

동냥 그릇을 들고 하모니카를 엉터리로 불며 지나간다
딱한 사연을 적은 종이를 무릎 위에 하나씩 얹어 놓고는 손을 벌리고 지나간다
비틀거리며 무작정 도와 달라고 떼를 쓰며 지나간다
흘러간 팝송을 들려주며 CD 열 장을 만 원에 판다고 외치며 지나간다
팔목 토시를 사라고, 비오는 날은 우산을 사라고, 온갖 잡동사니들을 사라고 소리치며 지나간다
남이 먼저 가져갈세라 바쁜 걸음으로 선반 위의 무가지 無價紙들을 쓸어담으며 지나간다

행진하듯
구호를 외치며 사라져가는
거대한 삶의 군병軍兵들

5부

심장

새해

창호가 부옇게 밝아오고 있다
조선종이 너머
황량한 겨울의 논두렁 너머
울울한 소나무의 가지 사이로
햇살의 전위대가 당도하였다
나는 두 팔을 벌리고
그들을 향해 뛰쳐 나간다
오라
미지의 시간들이여
순금으로 이글거리는
눈부신 아침 앞에서
나는 소년처럼 가슴 설렌다
눈 덮인 산맥을 넘어
대숲을 넘어
저 긴 강들을 건너
꿈의 말을 타고 달려가리라
온몸에 가득 맺힌 땀방울을 털어내면서

새로운 역사가 굽이쳐 오는
찬란한 창공을 바라보리라

가족사진

아버지와 어머니와 아들이
환하게 웃고 있다
옷을 잘 차려 입고
한껏 멋을 내고는
마치 아무 근심 걱정 없다는 듯이
세상에서 가장 밝은 표정으로 웃고 있다
아들은 집을 나가고
아버지는 말을 잃고
어머니는 깊은 잠에 못 든 지 오래됐지만
사진 속의 세 가족은 언제나 똑같이 웃고 있다

다시 오지 않을 시간은 그래서 더욱 슬프다

평화

아내가 하는 이상한 짓이 치매로 판정되던 날
그는 아내를 끌어안고 절망에 빠져 소리쳐 울었다
그날 이후 그는 세상과의 문을 닫았다
위험 많은 세상과 담을 쌓고
아내의 수족이 되었다
점차 퇴행해가는 아내와 반비례해서
그의 일상은 점차 분주해졌다
마침내 아내가 죽고
아내의 장례가 끝나고 난 뒤
그는 시신으로 발견되었다
여위고 여위어서
앙상한 형해만 남아 있었다

의무를 다 끝낸 남편의 평화가 거기 있었다

타밀 반군에게

20여 년 전 콜롬보에서
코브라를 목에 감고 나를 쫓아다니던 너는
이제 30대 청년이 됐다
그동안 네가 어떤 삶을 살았는지 나는 모른다
단지 26년 동안의 스리랑카 내전이 끝났다는 것
타밀 반군의 우두머리가 주검으로 발견됐다는 외신과 함께
어른이 된 너를 연상시키는 반군 포로의 사진을 보고
여섯 살짜리 새까만 아이를 떠올렸을 뿐이다
그때의 너나 사진 속의 청년이나
살아 있는 것은 초롱한 눈뿐이었다
너는 타밀의 독립을 원했었겠지
지긋지긋한 가난이 싫었었겠지
그래서 어느 날 반군이 되어 총을 들고 나섰었겠지
그러나 긴 내전은 살육과 보복으로 점철됐었고
신비롭던 인도양 부처님의 섬은
처참한 비극들이 난무하는

아비지옥으로 돌변했었다
정치란 그런 것이다
힘에 의한 개조를 꿈꾸는 그 순간부터
피는 필연적인 것이다
얼마나 많은 혁명들이
좌절과 비탄과 원한 속에
거꾸러져 갔던 것인가
네가 구하고자 했던 타밀 민중은
고통의 긴 세월을 방황하다가
이제는 더 무서운 질곡 속에 빠져드는 것은 아닌 것인가
종전과 평화의 함성이 난무할
축제의 콜롬보에서
혁명의 죽음을 본다
슬퍼하지 마라
타밀 청년이여
너희들이 꿈꾸던 세상은
인류사에 무수히 명멸했던

환상의 하나였을 뿐이다
승자들에 의해 역사는 이어져 왔다는 것을
절대로 절대로 원망하지 마라
그리고 그 어떤 힘의 승리도 끝내 영원한 것은 없었다는 것이
그래도 너를 위무하리라
사그라진 혁명의 꿈
타밀 청년아

주머니 속의 여자

"메시지가 도착했습니다"
주머니 속의 여자가 외친다

좋은 조건의 대출 상품이 있다고
동창 모임이 있다고
심지어는 벗은 여자 사진이 있다고
시도 때도 없이 외쳐댄다

버튼을 눌러 말문을 막아버리자
마침내는 온몸을 부르르 떤다
참 성질 대단한 여자
주머니 속의 여자

눈 내린 날 아침

눈이 왔습니다
먼 북쪽나라 얼굴 흰 이방인들의 사연을 싣고
이 땅에 소복이 내렸습니다

눈이 왔습니다
지상의 생명들을 가여이 여기는
하늘나라 주민들의 눈물이 얼어
우리 주위에 쌓였습니다

이 눈은 우리의 추억
이 눈은 우리의 사랑
이 눈은 우리의 슬픔
이 눈은 우리의 환희

눈이 왔습니다
모든 부끄러운 것들을 가려주는
부드러운 큰 손길과 같은

아쉬움에 대하여

간이역도 모두 서는 춘천행 완행열차를 타고
겨울 빛 속으로 떠났다
나의 청춘도 이렇게 늦게
역마다 서 가면서
나의 곁을 천천히 떠나 버렸다
그 뒤 나는 한 번도 만나지 못했다
떠나간 나의 청춘, 나의 사랑, 나의 추억을
그들은 어디서 살고 있을까
그들도 나를 그리며 울고 있을까
간이역도 모두 서는 춘천행 완행열차를 타고
겨울 빛 속으로 떠났다
떠난 뒤 소식 없는 나의 청춘
그 그리운 시간을 찾아

심장 1

쿵 쿵 쿵 쿵
63년 10개월 동안을 이렇게 뛰어왔다니
잠시도 쉬지 않고 뛰어왔다니
혹사하고 보살펴 주지 않아도
혼자서 이렇게 뛰어 왔다니
아
병을 앓고 있었다니
나도 모르는 병을 앓고 있었다니
그러면서 홀로 뛰어왔다니
63년 10개월 동안을
쿵 쿵 쿵 쿵

심장 2

어머니께서 주셨다네요
남들은 석 장 있는 심장 상행 판막을 두 장만 주셨다네요
그래서 대동맥이 부풀어 있다는군요
불쌍한 어머니
아, 그래서 어머니는 그렇게 고통스러워 하셨던가요
젊은 나이에 돌아가실 때도
그래서 갑자기 가셨던가요
어머니께서 주셨다네요
60년 하고도 3년이나 더
건강하게 살아온 내 몸을
지금도 펄떡펄떡 뛰고 있는
고마운 심장을
그 아픈 마음을
어머니께서 주셨다네요

아픔

만지지 말아다오
스치는 바람결에도
자지러지게 아프니
손대지 말아다오
세상은 아픔 투성이
아픔은 무섭지만
정말 싫지만
아픔을 모르면
살아 있는 것이 아니라 하니
아픔과 함께 가야 할밖에

쳐다보지 말아다오
이제는 눈길에도 참 아프구나

6부

기획

일상사

가슴뼈를 빠갠다
심장을 멈춘다
펌프로 피를 강제 순환시킨다
대동맥을 자른다
인공 혈관으로 끼운다
심장을 다시 뛰게 한다

무서움으로
수술 이전에
나는 이미 초죽음이 되어 있었다

수술실에는
초록색 수술복을 입은
10여 명의 간호사들이
이리저리 오가며
서로 부르며
바쁘게 수술 준비를 하고 있었다

아
이곳에서는
나의 수술도
평범한 일상사 가운데 하나였구나

타지마할

한국말을 곧잘 하는 스물여섯 살 인도 청년 앙쿠는 델리 대학을 나온 국제 경영학 석사인데 요즘은 한국인 관광객의 폭증으로 가이드가 주업이 됐다

그에게는 두 살 아래 애인이 있었는데 종교 차이 등의 문제로 어머니가 반대해 결혼에 실패했다고 한다

그 여자는 많이 울며 그를 떠나갔고 그 뒤 시집을 갔다고 한다

마음이 착한 여자였다며, 인도에서는 연애결혼이 잘 성사되지 않는다고 말하다 문득 목이 메는 인도 청년 앙쿠

자기는 버는 돈을 엄마에게 맡기고 타다 쓰는 마마보이라고 말하며 엄마가 데려다 주는 여자에게 장가를 들어야겠다면서 오늘도 이 사랑의 성전에서 손님을 안내하기에 여념이 없다

한 여자를 얼마나 사랑했던지 결혼 생활 17년에 열네 명의 아기를 갖게 하고 마침내 열네 번 째 아기를 낳다 죽은 아내를 위해 인류 초유의 아름다운 무덤을 만든 샤자한

사치스런 무덤 건설에 혈안이 된 그는 사랑하는 여인이

낳은 자식의 손에 의해 권력을 잃고 유폐당하고 아내를 그리다 쓸쓸히 죽어 갔지만

무굴제국의 영화를 다 쏟아 부어 그가 만든 무덤은 사랑의 신전이 되어 오늘날 세계인들을 불편한 인도의 지방 도시에까지 끌어들여 감탄케 하고 눈물짓게 하는 사랑의 블랙홀이 되고 말았다

사랑을 잃은 자만이 사랑을 아는 사랑의 성소에서 가이드도 관광객들도 자신만의 사랑을 가슴에 안고 한낮의 뙤약볕을 헤매 다닌다

바라나시

불타는 시체들
화장되는 주인을 찾아 배회한다는 소들
권역 다툼하는 개떼들
인도의 젖줄 갠지스 강
가난한 삶이 슬프지 않는 사람들
신이 부를 때까지 스스로를 먼저 포기하지 않는 사람들
3천 년 전이나, 2천 년 전이나, 천 년 전이나 별로 다를 것 없이 대를 이어 반복되는 삶
시간이 느리게 흘러가는 곳
아주 느리게
가난이 축복일 수는 없지만
저주일 수도 없는
그저 살아가는 곳
삶, 삶, 삶
그리고 삶들

윤회

신령한 기운이 있어 윤회를 한다고 하더라도 이 두뇌를 그대로 갖고 나지 않으니 부질없는 일입니다
아무 것도 기억하지 못하는 나 아닌 내가 다른 몸을 받아 태어난다 하더라도 지금의 나와는 무관하기 때문입니다
차라리 조상의 그늘을 내가 입고 내가 하는 일들이 나의 미래와 내 후손의 그늘이 된다는 것이 설득력 있는 말이겠지요
설령 윤회의 바퀴 위에 얹힌다 하더라도 그것은 전혀 다른 세상의 질서인고로 지금의 나는 어찌할 수 없는 영역에 있을 것입니다
내가 살아 있다는 것을 인식하는 이 시간만이 나에게는 오로지 알파이자 오메가
그래서 지금 이 삶이 윤회의 전체를 아우르는 무게를 갖고 있다고 하겠습니다

다르마

인도어나
티베트어나
중국어나
일본어나
영어나
불어나

한 뜻으로 부르나니
그것은
"마음"

뼈다귀

보았다
살과 가죽 아래 감춰진 단단함
물에도 있었다
심지어 불 속에도
공기에도 있었다
수시로 불쑥 그 모습을 드러내는
보이지 않는
변하지 않는
그리고 결코 죽지도 않는
네 가슴
내 혼 속의
뼈다귀

기회

물소 떼 한 무리가 물을 먹고 있었다
배고픈 사자 무리가 그들에게 접근하고
물소 떼 가운데 오직 한 마리
물을 먹지 않고 주위를 경계하던 우두머리 수소는 사자 떼의 은밀한 접근을 직감했다
이윽고 사자 떼는 모습을 드러내고 물소 떼는 뒤돌아서 달아나기 시작했다
미처 피하지 못한 어린 새끼 물소들의 뒤에서 우두머리 수소는 사자 떼에 맞섰다
사자들은 우두머리 수소에게 떼 지어 달려들었으나 위풍당당한 그를 쓰러뜨리지 못했다
이윽고 달아나던 물소 떼가 돌아와 우두머리와 합세했다
사자 떼들이 물러섰을 때
이변이 일어났다
건장한 젊은 수소가 상처를 입고 힘이 빠진 우두머리 수소를 공격한 것이다
그는 우두머리 수소를 사자 무리에게 떠밀곤

물소 무리와 함께 초원 저편으로 유유히 사라지는 것이었다
 그날 사자 무리는 온 가족이 종일을 포식하였다

러시아 여인

매주 토요일 저녁이면 아이들을 데리고 터미널 식당에 와서 돼지 국밥을 사 먹이는 러시아 여인
스물대여섯 살이나 되었을까
꾸미지 않아도 흰 눈처럼 하얀 피부의 어여쁜 슬라브 여인이 성장을 하고
인형 같은 아들과 딸도 고운 옷을 입혀 데리고 나와
한국말을 못하는지 말 한 마디 않은 채
맛있게 돼지 국밥을 먹는 아이들을 물끄러미 바라보다가
자신도 한 그릇을 맛있게 비우고
역시 말 한 마디 없이 셈을 치르곤
아이들 손을 붙들고 사라지는데
애비는 없는 것인지
어디서 무얼 하며 사는 것인지
매주 토요일 저녁이면 어김없이 터미널 식당에 아이들을 데리고 와서
돼지 국밥 사 먹이는 러시아 여인

아내

세상에서 가장 사랑하는 여자
그 여자를 위해 많은 것을 참고
희생의 의미까지 알게 한 여자
화장품을 고르는 손길이 어여쁘고
화장을 하는 손길이 어여쁘고
투정이 잔소리가 편안해지는
함께 여행하는 길이 행복을 느끼게 하는

그리고 오직 그만의 여자
무척 화나게 하는
자주 미워지는 여자
질투하는 여자
가여운 여자
미안한 여자
늙어가는 여자
한 남자가 자신보다 오래 살아주기를
간절하게 바라는
세상에서 오직 하나뿐인 여자

첼로

가을의 소리

긴 참음의 뒤
헤어지기 싫어하면서도
헤어져야만 할 때
들리는
고통의 소리

눈물은 흘리지 않는
신음의 소리

남자의 소리

7부
세상에서 가장 큰 주먹

용서

이 세상 모든 생명이
자신을 먹이로 하는 것들을 용서하듯이
이 세상 모든 생명이
먹이가 되는 자신을 용서하듯이
겸허하고 후회하지 않고
분노하지 않았으면
용서했으면 용서했으면
용서하고 용서했으면
그래서 마침내 충만함으로
나의 생명이 마지막까지 채워졌으면

아직

너에게 내 사랑을 함빡 주지 못했으니
너는 아직 내 곁을 떠나서는 안 된다
세상에서 할 수 있는 유일한 일은
내 사랑을 너에게 함빡 주는 것이다
보라
새 한 마리, 꽃 한 송이도
그들의 사랑을 함빡 주고 가지 않느냐
이 세상의 모든 생명은
그들의 사랑이 소진됐을 때
재처럼 사그라져 사라지는 것이다
아직은 아니다
너는 내 사랑을 함빡 받지 못했으니

전송

할아버지가 손자의 손을 잡고 스쿨버스를 기다리고 있다
대여섯 살이나 되었을까
손자는 연신 재롱이다
그런 손자가 귀여워 할아버지는 어쩔 줄 모른다
아침 아홉 시
버스가 도착하자
할아버지는 손자를 차에 태우곤 허리 굽혀 젊은 여 선생님께 인사를 한다

며느리가 치매 시어머니의 손을 잡고 주간 보호 센터 차를 기다리고 있다
여든 살이나 되었을까
시어머니는 멍한 표정이다
상주시킬 수 있는 시설로 모셔야겠다며 며느리는 우울해한다
아홉 시 오 분
승합차가 도착하자

며느리는 시어머니를 차에 태우곤 허리 굽혀 중년의 여
선생님께 인사를 한다

매일 아침 아홉 시와
아홉 시 오 분
버스와 승합차가 차례로 와서
아기와 노인을 싣고 떠난다

새벽에

누굴까 이 새벽 우산을 쓰고 바삐 가는 사람은
누굴까 이 새벽 울고 있는 사람은
누굴까 이 새벽 시외버스에 실려 홀로 터미널에 도착하는 사람은
누굴까 이 새벽 편지를 쓰는 사람은
누굴까 이 새벽 잠 못 드는 사람은
누굴까 이 새벽 수의를 깁고 있는 사람은
누굴까 이 새벽 긴 여행에 오르고 있는 사람은

그 동네

생각만 해도 향기가 느껴지던 동네
다가서면 실제로 향기가 나던 동네
지나다니던 사람들이 예뻐 보이던 동네
구름이 꽃으로 보이던 동네
온종일 서 있어도 지루하지 않던 동네
시간이 빠르게, 때론 느리게
마법처럼 변한다는 것을 알게 한 동네
그러다가 언젠가는 슬펐던 동네
가슴 미어지는 눈물 사이로
이태리 흑백 영화의 마을처럼 보이던 동네
사람들이 유령처럼 보이던 동네
그리고 떠나온 동네
떠나자 사라진 동네
다시는 찾을 수 없게 된 동네
세상에선 없어지고
기억 속에 옮겨 앉아
이따금 불현듯 살아나는 그 동네
애틋한 동네

세상에서 가장 큰 주먹

아기 새끼손가락만 한 참새 새끼가
모이를 주워 먹다가
무엇에 놀랐는지
어미에게 쪼르르 달려가
날개 속으로 파고들었다
아기 주먹만 한 어미
새끼를 품으니
어른 주먹만 해졌다

노래 · 1

천 근 아침을 팔아
만 근 저녁을 사다

세상에 있다고 다 가질 수 있으랴
내 것이라고 다 가져갈 수 있으랴

그러나 분명 내 것은 있고
내 것이 아닌 것도 분명 있으니
아침엔 버리고
저녁엔 구하리

천 근 아침을 팔아
만 근 저녁을 사다

노래 · 2

말 못하는 아기의 마음을 어머니가 알듯
어른의 마음을 아기가 알듯
어린 강아지가 사람의 마음을 알듯
저 짐승들의 마음을 사람이 알듯
뿐이랴
사람들의 마음을 나무가 알듯
꽃들의 마음을 벌들이 알듯
사랑하면 서로의 마음을 아는 것처럼
사람만이 사람을 아는 것이 아니고
생명 있는 모든 것은 마음을 타고났나니
네가 부르면
나도 부르고
내가 부르면
너도 부르고

비롯됨

영원은 찰나에서 비롯되고
무한대는 0에서 비롯되고
물질은 원소에서 비롯되고
생명은 물질에서 비롯되니

찰나의 위대함이여
0의 위대함이여
원소의 위대함이여

모든 비롯됨의 위대함이여

한들거림

한들거리다 낮아진다
세상의 모든 것이여
때로는 홀씨처럼 떠돌다
계곡물에 실려가기도 하고
불운하여라
더러는 차도 위에 떨어지고
타이어에 밟혀 흔적 없이 사라진다
끊임없는 가벼움
가벼움이여
한들거리다 낮아지는
세상의 모든 것이여

■ 유자효의 시세계

사랑의 시 시계를 찾아서
― 유자효 시인의 ≪어디일까요≫를 읽고

장경렬
(서울대 영문과 교수)

1. 기起, 또는 '방송인 유자효'와 '시인 유자효'

유자효 시인하면 무엇보다 먼저 떠오르는 것은 깊은 울림의 낮고 매끄러운 목소리다. 그런 멋진 목소리에다가 방송국 기자와 앵커로 오래 근무한 경력 때문에 그는 어디서나 사회자로 인기가 높다. 그가 문단 내 다양한 행사에서뿐만 아니라 각종 선거에 즈음하여 이루어지는 후보자 텔레비전 토론회에서 명사회자로 활약했음을 모르는 이는 없을 것이다. 다시 말해, 그는 멋진 목소리의 소유자일 뿐만 아니라, 상황에 대처하여 이를 풀어나가는 말솜씨와 현실을 보고 판단하는 안목까지 뛰어난 분이기도 하다. 하지만 그러한 덕목이 방송인으로서의 삶을 떠나 시인으로서의 삶까지 보장하는 것은 아닐 수도 있다. 시인에게 적절한 직업이 따로 있을 수 있겠냐만, 말솜씨나 안목이 뛰어난 방송인 가운데 시인이 잘 보이지 않는 것도 사실이지 않는가. 아마도 방송인이란 현실 한가운데로 뛰어들어 주변 현실과 직접 마주해야 하는 사람이라면, 시인이란 현실과 일정한 '형이상학적 거리'를 두고 현실을 관조하고 음미할 수 있는 마음의 여유가 필요한 사람이기 때문이리라. 이처럼 시인과 양립하기 어려운 직업 가운데 하나가 방송인임에도 불구하고, 유자효는 시인으로서의 자신의 역할에 소홀함이 없었으니, 이를 증명하는 것이 그가 이제까지 세상에 내놓은 수많은 시집들이다.

  시인은 이번 시선집 ≪어디일까요≫의 서문에 해당하는 〈시인의 말〉에서 그간 발간한 "시집 12권"에 수록된 작품 가운데 자신의 나이 일흔을 "상징"하는 의미에서 "70편"을 골라 "대체로 발표순으로" 엮었음을 밝히고 있다. 시집에 수록된 작품을 순서대로 읽어 보면, 젊은 시절부터 최근에 이르기까지 줄곧 시작詩作을 이어온 시인의 마음과 생각의 변화를 읽을 수 있다. "아기의 우주"로서의 아내에 대한 이야기(〈아기의 춤〉)가 "인생의 봄을 맞은 아들"(〈인생의 봄을 맞은 아들에게〉)의 이야기로 이어짐에서, "스물일곱 살"의 시적 화자가 "10년"이 지난 다음 "당당한 월급쟁이"가 되었음(⟨어느 날의 울음 이야기⟩)을 말하거나 "나이 쉰"이 되었음(⟨추석⟩)을 밝히기도 하고 "63년 10개월" 동안 "잠시도 쉬지 않고 뛰어"온 "심장"(⟨심장 1⟩)을 시적 소재로 삼고 있음에서, 또한 몇몇 개인사적인 이야기나 시기를 가늠케 하는 사건이 시적 소재가 되어 있음에서, 우리는 이번의 시집을 단순한 작품 모음집으로써가 아니라 한 시인이 걸어온 삶의 발자취로 읽을 수도 있다.

 그처럼 이번의 시집은 시인이 살아온 삶의 발자취를 담고 있기에, 청년에서 장년을 거쳐 노년—요즘 시대에 일흔을 '노년'이라 할 수 있을지 모르겠지만, 시인이 ⟨시인의 말⟩에서 밝힌 "노인임을 피하지 못하겠다"는 말을 받아들여야 한다면 동원할 수밖에 없는 표현인 '노년'—에 이르기까지 시인의 의식뿐만 아니라 시의 변모 과정까지 여기서 읽을 수 있다. 하지만 변모에도 불구하고 유자효 시인의 시세계 전체를 꿰뚫는 일관된 분위기가 짚이는 것도 사실인데, 이는 따뜻함과 다감함이다. 그런 분위기는 대상을 여일如一하게 사랑의 눈길로 바라보기에 조성된 것이리라. 이 같은 분위기 때문인지 몰라도, 때로 유자효 시인의 시는 '어른을 위한 동화'의 한 장면과 마주하는 듯한 느낌을 주기도 한다. 물론 그의 시세계에는 객관적 관찰자의 눈길을 감지케 하는 작품도 적지 않다. 하지만 이 경우에도 대상을 향한 시인의 눈길을 되짚어 보면 거의 예외 없이 따뜻한 마음으로 대상을 바라보는 시인과 만날 수 있다. 만일 이런 경향에 예외적인 작품이 있다면, 이는 뉴스 현장에서 몸담아 온 방송국 기자 또는 앵커의 엄정한 현실 감각을 읽도록 우리를 이끄는 〈기회〉와 같은 작품일 것이다. 하지만 이 작품도 냉혹하고 무자비한 현실에 대한 방송인의 현실 비판의 시라기보다 일종의 '우화' 또는 '우의'로 읽힌다. 어찌 보면, 그에게 시란 뉴스의 현장에서 자제해야 했던 따뜻하고 밝은 마음을 환하게 펼치기 위해 찾는 성소聖所와도 같은 곳이 아닐까. 이제 우리는 이 같은 성소에서 유자효 시인이 환하게 펼쳐 보인 따뜻하고 밝은 마음의 시세계를 살펴보고자 한다.

2. 승承, 또는 '사랑의 시'를 찾아서

젊은 시절의 시인 유자효는 어떤 사람이었을까. 이 물음에 대한 답을 제공하는 작품 가운데 무엇보다 앞세워야 할 것은 〈아기의 춤〉일 것이다. 추측건대, 아기를 갖게 된 시인의 아내와 시인 사이의 대화가 이 시의 모티프가 되고 있는 것으로 보인다. 하지만 실제로 그런 대화가 부부 사이에 이뤄지고 있다고 믿기 어려울 정도로 둘 사이의 대화는 '목가적'이며 '동화적'이다.

"여보, 아기가 춤을 추나봐요"
아내는 가만히 배를 누르며 속삭였다
"그래요? 그러면 음악을 듣구려"
모차르트가 흘렀다
"여보, 얘는 제 마음을 잘 아는가 봐요
제가 고단하면 잠을 자요
제 마음이 편안하면 잠을 깨지요"
나의 품에 안기는
아내는 아기의 우주
"누가 가르칠까요?
우리 아가의 춤을"
"그것은 별
그것은 바람
그것은 시간
그것은 햇빛
그리하여 그것은
목숨이라고 부르는
위대한 안무가지요"
아내는 잠들고
나의 손끝에서
아기는 홀로
율동의 실오라길 이어가는데
하늘에는 끊임없이 유성의 해일이 일고
— 〈아기의 춤〉 전문

아내가 "가만히 배를 누르며" 남편에게 속삭인다. "아기가 춤을 추는 것 같다"고. 일반적으로 임신 다섯째 달이 되면 엄마는 태아의 움직임을 느끼게 된다고 한다. 이 같은 태아의 움직임을 시인은 "춤"으로 묘사하고 있는데, 그 자체가 시적이다. 아무튼, 영국의 동물행동학자 데즈먼드 모리스(Desmond Morris)가 ≪우리 아기(Baby)≫라는 책에서 밝힌 바에 의하면, "임신한 엄마가 긴장을 풀고 편히 쉴 때의 맥박 수치는 1분당 72회 정도"로, 이 같은 수치로 뛰는 엄마의 맥박은 "아기가 자궁에 있던 마지막 몇 달 동안" "아기의 기분을 편하게 해 주는 자극제"의 역할을 한다는 사실을 실험 결과 확인할 수 있었다 한다. 즉, 엄마와 아기는 정서적으로 조응照應한다. 이를 암시하듯, 시인은 아내의 입을 빌려 "얘는 제 마음을 잘 아는가 봐요/제가 고단하면 잠을 자요/제 마음이 편안하면 잠을 깨지요"라 말한다. 이어서, "아기의 우주"인 아내가 시인의 품에 안기면서 "우리 아가의 춤"을 "누가 가르칠까요?"라 묻자, 이 시의 분위기에 어울리게 시인은 "그것은 별/그것은 바람/그것은 시간/그것은 햇빛/그리하여 그것은/목숨이라고 부르는/위대한 안무가"라 답한다. 지극히 목가적이고 동화적인 답변이라 하지 않을 수 없는데, 시인의 "품"에 안긴 "아기의 우주"인 아내에게 이렇게 속삭이는 시인의 모습에서 "아기의 우주"를 감싸고 있는 '또 하나의 우주'를 떠올릴 수도 있으리라. '또 하나의 우주'를 떠올림은 엄마가 아기를 감싸고 있듯 시인이 아내를 감싸고 있기 때문이다.

〈아기의 춤〉의 마지막 부분에서 "아내는 잠들고," 시인은 "손끝"으로 아기가 "홀로" 이어가는 "율동의 실오라기"를 더듬어 확인한다. 여기서 우리는 시인의 품에 안겨 잠이 든 아내의 모습을 떠올릴 수도 있겠다. 그리고 이처럼 사랑스럽고 평온한 부부의 모습에서 우리는 하나의 원圓—즉, 어두운 밤 방안에서 촛불을 밝힐 때 촛불을 둥글게 감싸는 '빛의 원'과도 같은 것—이 또 하나의 원을 감싸고 있는 정경을 떠올릴 수도 있으리라. (일반적으로 '우주'는 '원'의 개념으로 이해된다는 점에서 그러하다.) 그뿐만이 아니다. 아기를 품에 간직한 아내를 안고 있는 시인을 둥글게 감싸는 우주—어찌 보면, 진정한 의미에서의 '또 하나의 우주'—가 이 시에 등장하기도 하는데, 그것은 바로 "끊임없이 유성의 해일"이 이는 "하늘"이다. 이처럼 커다란 원이 작은 원을 차례로 감싸고 있는 정경을 떠올리게 하는 〈아기의 춤〉에서 우리는 시인이 시에 담고 있는 사랑의 마음을 감지할 수 있을 뿐만 아니라 시인이 앞으로 펼쳐 보일 시세계가 어떠할 것일까를 예견할 수도 있다.

유자효 시인에 의하면, 〈아기의 춤〉은 30대 초의 작품이라 한다. 그리고 10여 년의 세월이 흐른 후 시인은 '사랑'이라는 말이 직접 제목에 등장하는 시를 창작하기도 했는데, 이는 바로 〈짧은 사랑〉이다. (시인에게 확인한 바에 따르면, 그는 이 시를 40대 초에 창작하여, 1990년에 출간한 동일 제목의 시집에 수록했다 한다.) '짧은 사랑'이라니? 어찌 사랑이 '짧을' 수 있겠는가. 아마도 '일시적인 사랑' 또는 '순간의 사랑'을 이렇게 표현한 것이리라. 하지만 이처럼 어색한 표현을 제목으로 삼은 이유는 무엇일까. 아마도 이 시에 등장하는 이태리의 가수 밀바(Milva)의 〈리베라이〉에 그런 제목이 붙여졌기 때문일 것이다. 〈리베라이〉는 1959년 20세의 나이로 데뷔한 밀바가 1961년에 발표한 노래로, 이 노래의 원제목인 '리베라이(Liebelei)'는 이태리어에 없는 단어다. 추측건대, '남녀의 희롱, 불장난, 일시적 사랑'의 뜻을 갖는 독일어 단어가 이 노래의 제목이 된 것은 아닌지? 아무튼, 〈리베라이〉는 1960년대는 물론이고 밀바가 1972년과 1974년 두 차례 내한 공연을 했던 1970년대에 들어서서도 많은 한국인의 사랑을 받던 노래다. 그런 노래를 배경으로 한 시 〈짧은 사랑〉을 함께 읽어 보자.

밀바는 언제부터 노래를 불렀을까

눈 내리는 남대문
세모의 밤거리를
가슴 설레며

휘청거리던 젊은 시절에
소름처럼 끼쳐오다가
자지러지던
긴 시간의 공포

그 후 20년
늙은 영혼은
미움과 시기심으로
찢어져 펄럭이고
이제는 가슴보다도
온몸으로 와 닿는
짧은 시간의 공포

밀바는 아직도 노래하고 있을까
— 〈짧은 사랑〉 전문

"밀바는 언제부터 노래를 불렀을까"로 시작하여 "밀바는 아직도 노래하고 있을까"로 끝나는 이 작품에서 우리는 일종의 '대비 구조'를 확인할 수 있거니와, 우선 밀바에 관한 이 두 자문自問이 그런 관계에 있다. 시를 시작하는 물음은 '과거'를 향한 것이고 시를 마감하는 물음은 '현재'를 향한 것이라는 점에서 그러하다. 추측건대, 시인은 어쩌다 아주 오랜만에 밀바의 그 노래와 만나고는 세월을 헤아려보다가 "밀바는 언제부터 노래를 불렀을까"라는 의문이들었을 것이고, 곧 자신이 이 노래를 즐겨 듣던 과거를 기억에 떠올렸을 것이다. 그가 떠올린 자신의 과거는 "눈 내리는 남대문/세모의 밤거리를/가슴 설레며/휘청거리던 젊은 시절"로 요약된다. 곧 이어 시인은 자신의 현재 모습에 눈을 돌려, 이제는 "20년" 전의 과거와 달리 자신이 "미움과 시기심으로/찢어져 펄럭"이는 "늙은 영혼"이 되어 있음을 새삼 깨닫는다. 문제는 밀바의 노래에 우리말 제목으로 붙여진 "짧은 사랑"이라는 화두가 젊었을 때는 젊었을 때대로 지금은 지금대로 절실하게 다가온다는 점일 것이다. 젊은 시절 사랑은 "소름처럼" 순간에 다가오지만 곧 "자지러" 질 수 있는 것이어서 "짧은 사랑"일 수 있다. 하지만 "자지러" 질 때까지 적어도 심리적으로 좀처럼 흐름이 감지되지 않는 오랜 시간 설렘과 두려움에 시달리지 않을 수 없기에 "긴 시간의 공포"일 수 있다. 또는 사랑이 "자지러"지더라도 앞으로 살아가는 동안 오랜 세월 고통에 시달려야 하기에 "긴 시간의 공포"일 수 있다. 하지만 "20년"의 세월이 흐른 후라면 살아갈 날이 얼마 남지 않았기에 사랑의 아픔과 고통도 오래 가지 않을 것이라는 육감六感에 젖지 않을 수 없다. 따라서 가슴보다는 온몸이 먼저 감지하는 "짧은 시간의 공포"일 수밖에 없다. 아니, "미움과 시기심으로/찢어져 펄럭"이는 "영혼"이 이제는 사랑을 '짧은 것'으로 정리할지도 모른다는 불길한 예감으로 인해 사랑이란 "짧은 시간의 공포"일 수도 있으리라.

　아무튼, 시인이 사랑을 "공포"로 이해하는 것은 사랑 자체에 대한 '두려움'보다 사랑이 그에게 주는 '심리적 무게'를 암시하는 것이리라. 다시 말해, 사랑을 결코 쉽게 여기지 않는 마음을, 사랑을 어렵고 진지하게 받아들이는 시인의 마음을, 아니, 사랑을 더할 수 없이 소중하게 생각하는 시인의 마음을 역설적으로 드러내는 것일 수 있다. 물론 이때의 사랑이란 이성異性을 향한 것일 뿐만 아니라 이 세상의 모든 소중한 이를 향한 것이기도 하다. 유자효 시인의 시세계에는 아내뿐만 아니라 어머니, 아버지, 누나, 자식에 대한 사랑의 마음이 자주 시적 소재로 등장하고 있거니와, 이는 사랑을 무엇보다 소중하게 여기는 그의 마음가짐 때문이 아닐까. 〈추석〉에서 "나이 쉰"이 된 시인은 "아들을 기다리며 서성이는 깊은 밤"에 새삼 "철들 때를 기다리지 않고 떠나버린/어머니, 아버지"를 떠올리고 있거니와, 우리는 이 같은 작품에서 시인의 사랑을 새삼스럽게 읽을 수도 있다. 하지만 사랑의 마음을 어떤 작품에서보다 생생하게 감지케 하는 것은 〈누나의 손〉이다.

　　누나의 손은 따뜻하다
　　천지에 흰 눈이 덮이던 날, 책 보따리를 허리에 두르고 꽁꽁 얼어서 집으로 돌아오면 동구 밖까지 나와서 기다리다가

눈 투성이 코흘리개의 손을 잡아주던 누나의 손은 따뜻했었다
　공부를 한다고 호롱불 밑에서 코밑이 까맣게 그을려 졸고 있으면 사탕이며 과자 몇 개를 살며시 쥐어주던 누나의 손은 따뜻했었다
　감나무 위에서 까치가 울던 누나가 시집가던 날 아침, 잠꾸러기의 머리맡에 종이돈 몇 장을 손수건에 싸서 놓아두고 이불을 여며주던 누나의 손은 따뜻했었다
　이제는 장성한 딸을 시집보내는 누나의 장년
　"먼데서 뭐할라꼬 왔노?" 화들짝 놀라며 가방을 받아드는, 어느새 어머니를 빼닮은 누나의 손은 아직도 따뜻하다
　　　　　　　　　　　　― 〈누나의 손〉 전문

　"장성한 딸을 시집보내는 누나"의 "손"에서 느껴지는 따뜻한 감촉이 시인의 마음을 일깨워 과거로 향하게 한다. 과거의 어린 시절에 대한 시인의 기억은 셋으로 나눠 제시되고 있는데, 먼저 학교에서 집으로 올 때 "동구 밖까지 나와서 기다리다가" 시인의 "손을 잡아주던 누나의 손"을 기억한다. 이어서, 공부를 한다고 앉아서 졸고 있는 시인의 손에 "사탕이며 과자 몇 개를 살며시 쥐어주던 누나의 손"을 기억한다. 끝으로, 누나가 시집가던 날, "잠꾸러기"인 시인의 "머리맡에 종이돈 몇 장을 손수건에 싸서 놓아두고 이불을 여며주던 누나의 손"을 기억한다. 그것도 언제나 변함없이 "따뜻했"던 "누나의 손"을. 그리고 이제 시인은 "장성한 딸을

시집보내는 누나"의 손이 "아직도 따뜻하다"는 점을 새삼 깨닫는다. 시집가는 날까지 줄곧 동생을 보살피는 누나의 모습뿐만 아니라, 조카의 결혼식 때문에 찾아온 시인을 "화들짝 놀라며" 맞이함과 동시에 그의 "가방을 받아드는" 누나의 모습에서 시인에 대한 누나의 지극한 사랑이 감지되지 않는가. 그리고 그런 누나의 손에서 '따뜻함'을 예나 지금이나 변함없이 느끼는 시인의 마음에서도 누나에 대한 지극한 사랑이 감지되기는 마찬가지다. 어찌 보면, 시인의 누나에 대한 과거의 기억과 현재의 누나에 대한 묘사는 기승전결起承轉結의 구조를 이루고 있다 할 수 있거니와, 시인은 이런 구조 안에 자신의 감정을 담아 놓음으로써 절제미는 물론이려니와 이야기 전개의 극적劇的인 효과까지 극대화한다.

말할 것도 없이, 시인이 지닌 사랑의 마음은 가족뿐만 아니라 주변 사람을 향한 것이기도 하다. 비록 사랑의 마음을 직접적으로 드러내고 있지는 않지만, 아끼고 사랑하던 사람을 잃은 상실감이 선명하게 읽히는 다음의 시에서 우리는 시인이 지닌 주변 사람들에 대한 사랑의 깊이와 무게를 어렵지 않게 가늠해 볼 수 있으리라.

    왈칵
    눈물이 솟구쳐 흐를 것 같다

한 이틀 비 내리더니
세상의 먼지 모두 씻기고
투명한 바람
서울에서 개성의 송악이 보인다
이렇게 깨끗한 날을 선물한 날

신은
곁에 두고 싶은 사람 한 둘을
데리고 간다
— 〈5월—김수남에게〉 전문

  이 시의 제목에 언급된 김수남 전前소년한국일보 사장은 유자효 시인과 각별한 친분을 나눴던 것으로 알려져 있다. 그가 1997년 5월 어느 날 아직 왕성하게 활동을 이어갈 이른 나이에 별세하자, 시인은 애통한 마음을 이 시에 담고 있다. "어져 내일이야 그릴줄을 모로드냐"로 시작되는 저 유명한 시조에서 황진이가 탄식으로 직핍했듯, 시인은 강한 어감을 지닌 부사 "왈칵"으로 직핍한다. 아마도 걷잡을 수 없는 슬픔을 가감 없이 드러내는 데 이보다 더 적절한 표현은 찾기 어려우리라. 아무튼, 시인은 "왈칵/눈물이 솟구쳐 흐를 것 같다"라 말할 뿐 '왈칵/눈물이 솟구쳐 흐른다'고 말하지 않는다. 이처럼 '흐른다' 대신 '흐를 것 같다'는 표현을 선택한 이유는 무엇일까. 이를 밝히는 것이 이어지는 구절로, 시인이 부고를 접한 것은 "한 이틀 비 내리더니/ 세상의 먼지 모두 씻기고/투명한 바람"이 부는 날, 심지어 "서울에서 개성의 송악이 보"이는 날이다. "이렇게 깨끗한 날"을 "신"이 "선물"로 주었는데, 그 앞에서 슬픔의 눈물을 "솟구쳐" 흘리는 것은 아마도 "신"에 대한 예의가 아니리라. 이처럼 분위기에 어울리지 않기에, 시인은 솟구쳐 흐르려 하는 눈물을 애써 참을 수밖에 없었던 것 아닐까.

어찌 보면, "한 이틀" 내리던 "비"가 그치고 "선물"처럼 다가온 "깨끗한 날"과 눈물로 가득한 시인의 애통한 마음이 선명한 대조를 이루기 때문에, 시인의 슬픔은 더욱 더 생생한 것이 되지 않을 수 없다. 사실 5월은 생명이 약동하고 환하게 빛을 발하는 봄이 절정을 이루는 때다. 그처럼 환하고 깨끗한 봄날에도 "신은/곁에 두고 싶은 사람 한 둘을/데리고 간다." 그럼으로써 생명의 환희에 젖어 있어야 할 우리에게 신은 문득 죽음의 존재를 일깨우기도 한다. 사실 생명의 환희 한가운데서 언뜻 보이는 죽음의 그늘은 그만큼 더 짙게 느껴지지 않을 수 없다. 마치 햇볕이 환할수록 그림자가 더욱 짙게 느껴지듯, 시인은 빛과 그늘의 대비를 선명하게 함으로써 고인에 대한 자신의 사랑과 슬픔의 마음을 더욱 깊게 시에 각인하고 있는 것이리라.

시인은 가족이나 주변 사람뿐만 아니라 심지어 자연의 생명체에게까지 따뜻하고 깊은 사랑의 눈길을 보내곤

한다. 그런 작품 가운데 우리는 특히 "의정부에서 열린 전국 시낭송 경연대회 경기도 예선"에 참가한 "눈먼 여인"을 인도해 왔던 "누런 개"에 대한 담담하면서도 깊은 울림을 주는 묘사로 이루어진 〈개〉를 주목하지 않을 수 없다. "눈을 끔벅이며 구석에 묵묵히 엎드려 있었"던 "어진 눈/어진 눈"의 개, "마치 어느 착한 사람이 개의 형상을 하고 구석에 웅크리고 있는 듯"했던 개에 대한 관찰을 시인은 다음 구절로 마감한다. "이름 없는 무수한 성자 중의 하나가/개가 되어 여인을 인도하고 있었다/저 흔한 우리 누렁이 중의 하나가 되어". 이 같은 관찰과 진술은 대상을 향한 깊은 이해와 사랑의 마음이 없다면 쉽게 이루어질 수 있는 것이 아니리라. 여기에 또 한 편의 시를 이 자리에서 언급할 것이 허락된다면, 〈세상에서 가장 큰 주먹〉을 뒤세우지 않을 수 없다. 이 작품에서 시인은 "아기 새끼손가락만 한 참새 새끼가/모이를 주워 먹다가/무엇에 놀랐는지/어미에게 쪼르르 달려가/날개 속으로 파고"드는 것을 보고 "아기 주먹만 한 어미"가 "새끼를 품으니/어른 주먹만 해졌다"고 말하고 있거니와, "아기 주먹만 한 어미"에게서 "세상의 가장 큰 주먹"을 보는 시인의 눈길도 사랑스럽지 않은가!

3. 전轉, 또는 '삶의 시'를 찾아서

앞서 말했듯, 유자효 시인의 이번 시집에는 자신의 느낌이나 판단을 드러내지 않은 채 대상에 대한 담담한 관찰을 담은 작품들도 적지 않다. 물론 '담담한 관찰'이라 해서 시인의 느낌이나 판단이 완전히 배제되어 있다는 말은 아니다. 어찌 보면, 특정한 대상에 깊은 관심의 눈길을 주는 일 자체가 시인의 느낌이나 판단을 암시하는 것으로, 역시 앞서 언급한 바 있듯 유자효 시인의 시세계에 담긴 관찰의 시선을 되짚어 따라가 보면 거기에는 언제나 시인의 따뜻한 사랑의 마음이 있다. 말 그대로 시인의 '담담한 관찰'을 있는 그대로 담고 있는 다음 작품을 보자.

늦가을 청량리
할머니 둘
버스를 기다리며 속삭인다

"꼭 신설동에서 청량리 온 것만 하지?"

— 〈인생〉 전문

추측건대, 시인은 "늦가을" 어느 날 청량리 정거장에서 버스를 기다리고 있었을 것이다. 그런데 우연히 옆에 있던 한 할머니가 다른 할머니에게 속삭이는 것을 엿듣는다. "꼭 신설동에서 청량리 온 것만 하지?" 일종의 수사의문문에 해당하는 이 말이 뜻하는 바는 무엇인가. 시의 제목이 암시하듯, 할머니는 그 동안 살아온 "인생"에 대한 느낌을 이 의문문 안에 담고 있는 것이다. 신설동에서 청량리까지는 버스 정거장을 기준으로 할 때 약 2킬로미터의 거리로, 버스를 타면 대략 10분이면 이를 수 있다. 이에 비춰볼 때, 이 수사의문문은 인생이란 어느 순간에 다 왔는지 모를 만큼 아주 가까운 거리를 이동하는 것과 다를 바 없는 것이라는 뜻을 지닌다. 만일 할머니가 '쏜 화살이 날아가는 것 같다'든가 '덧없이 흘러가는 구름과 같다'와 같이 진부하고 상투적인 비유에 기댔다면, 시인은 아마도 이에 귀가 솔깃해지지 않았을 것이다. 하지만 구체적 삶의 현장에서 비유를 이끌어 냈기에, 아니, 청량리 버스 정거장에서 던지는 "신설동에서 청량리 온 것만 하지?"라는 물음이 지니는 현장감은 더할 수 없이 생생하기에, 비유의 호소력이 그만큼 컸던 것이리라. 어찌 보면, 삶의 현장에서 생생한 비유를 이끌어냈다는 점에서 볼 때 이런 물음을 던진 할머니야말로 '시인'이라 하지 않을 수 없다. 말하자면, 시인이 '시인'의 말을 엿듣고 자신의 작품을 통해 그 '시인'의 말을 다시 전하고 있는 셈이다.

우리는 이 시의 시간적 배경이 "늦가을"이라는 점도 주목할 수 있는데, 흔히 인생의 막바지 순간은 늦가을에 비유되곤 한다. 과일나무가 봄에 꽃을 피워 여름에 성장하고 결실의 가을을 보낸 후 늦가을을 맞아 휴식의 겨울을 준비하듯, 또는 화초가 봄에 싹터 꽃피고 씨앗을 맺는 여름과 가을을 보낸 다음 늦가을이 되어 죽음의 겨울을 준비하듯, 인간도 탄생의 봄과 성장의 여름과 결실의 가을을 보낸 다음 늦가을을 맞이하여 죽음의 겨울을 준비하는 존재라 할 수도 있다. 그런 의미에서 늦가을이란 살아온 삶을 돌이켜보고 다가올 죽음에 대비하는 계절이라 하지 않을 수 없다. 인생에 대한 간결하지만 뜻 깊은 관조로 우리를 이끄는 이 시는 이 같은 의미로 충만한 계절인 "늦가을"을 시간적 배경으로 하고 있기에, 그만큼 더 깊은 호소력을 지닌다.

유자효 시인의 시세계에는 이처럼 평범한 사람들이 오가는 일상적인 삶의 현장에서 시인이 귀와 눈을 열고 있음을 감지케 하는 작품이 적지 않다. 그 예로 꼽힐 만한 작품으로는 〈안국역에서 교대역까지〉, 〈러시아 여인〉, 〈전송〉 등이 있지만, 이 가운데 특히 돋보이는 작품은 〈안국역에서 교대역까지〉다. 시인은 안국역에서 교대역까지 전철을 타고 가면서, 전철 안을 지나다니는 온갖 부류의 사람에게 자신의 눈과 귀를 연다. "동냥 그릇을 들고 하모니카를 엉터리로 불며 지나"가는 사람, "딱한 사연을 적은 종이를 무릎 위에 하나씩 얹어 놓고는 손을 벌리고 지나"가는 사람, "비틀거리며 무작정 도와 달라고 떼를 쓰며 지나"가는 사람, "흘러간 팝송을 들려주며 CD 열 장을 만 원에 판다고 외치며 지나"가는 사람, "팔목 토시를 사라고, 비오는 날은 우산을 사라고, 온갖 잡동사니들을 사라고 소리치며 지나"가는 사람, "남이 먼저 가져갈세라 바쁜 걸음으로 선반 위의 무가지 無價紙들을 쓸어 담으며 지나"가는 사람들이 그들이다. 시인에게 이들은 "행진하듯/구호를 외치며 사라져가는/거대한 삶의 군병軍兵들"이다. "삶의 군병들"이라는 말이 암시하듯, 모두가 전쟁터에서 싸움을 하듯 삶을 힘겹게 사는 사람들인 것이다. 어찌 보면, 시인은 인간 사회란 일종의 전쟁터와 다름없다는 점을 구체적 사례를 통해 생생하게 드러내 보이고자 한 것이리라.

때로 시인은 관찰의 시선을 공적公的인 삶의 공간에서 벗어나 사적私的인 삶의 공간을 향해 던지기도 한다. 물론 그런 공간은 시인 자신의 삶과 관계되는 것일 수도 있고, 시인 주변의 지인知人과 관계되는 것일 수도 있다. 어느 쪽이든, 사람과 사람은 서로 관계를 맺고 산다. 시인은 그러한 관계 맺기가 뜻하는 바가 무엇인지를 향해 섬세한 관찰의 눈길을 주기도 하는데, 이를 담은 작품 가운데 대표적인 것은 〈가족사진〉이나 〈못〉일 것이다. 이 가운데 〈가족사진〉은 "아버지와 어머니와 아들이/환하게 웃고 있"는 "가족사진" 속의 정경과 달리 그때의 행복이 다시 찾아오지 않을 것이기에 "더욱 슬[퍼]" 보이는 사진을 시적 소재로 동원하고 있다. "더욱 슬프다"라는 말이 암시하듯 이 시는 관찰의 시선을 담고 있지만, 시인의 느낌과 판단이 내재되어 있다 할 수도 있다. 이에 비해 〈못〉은 그 어떤 느낌이나 판단을 직접 드러내지 않은 채 시인의 관찰을 있는 그대로 드러내고 있는 작품이라 할 수 있는데, 이 시에서 시인은 자식과 부모의 관계를 "못"의 이미지를 동원하여 정리한다.

> 자식은 부모 가슴에 못을 박는다
> 부모가 돌아가시면 그 못은 빠져
> 어느새 자식의 가슴에 와서 박힌다
> 그 못이 삭아갈 때쯤 자식의 자식이 다시 못을 박는다
>
> 우리는 늘 가슴에 못 하나 박히며 산다
> ─ 〈못〉 전문

아마도 자식을 키우면서 마음고생을 하지 않는 부모란 없을 것이다. 그런 점에서 본다면, "부모 가슴에 못을 박는" "자식"은 시인 자신일 수도 있고 시인의 자식일 수도 있고, 나아가 우리 자신일 수도 있고 우리의 자식일 수도 있다. 아무튼, 부모의 마음에 상처를 주는 자식의 언행이나 행동을 시인은 "못"으로 표현하고 있다 할 수 있거니와, "자식은 부모 가슴에 못을 박는다"는 말은 우선 이 같은 부정적 함의를 지닌 것으로 이해해야 할 것이다. 또는 자식을 거느린 사람이라면 누구든 대대代代로 감수해야 할 '고통의 못'으로 이해

할 수 있다. '대대로'라니? "부모가 돌아가시면 그 못은 빠져/어느새 자식의 가슴에 와서 박힌다"는 점에서 그러하다. 그렇다 해도, "못이 삭아갈 때쯤 자식의 자식이 다시 못을 박다"니? "자식의 자식"은 손자를 말하는 것 아닌가. 문제는 손자가 예뻐 죽겠다는 사람은 있어도 손자 때문에 고통스럽다 말하는 사람은 어디에도 없다는 데 있다. 이 같은 경향은 어떤 문화권에서도 공통적인 것처럼 보인다. 만일 이를 감안하면, 시인이 말하는 "못"을 단순히 '고통의 못'으로 이해하기 어렵다. 따라서 "못"에 대한 새로운 이해가 요구되는데, 혹시 이때의 "못"은 '고통의 못'일 뿐만 아니라 '사랑의 못'—즉, 사랑하기에 피할 수 없는 굴레와도 같은 못—일 수도 있지 않을까. 일찍이 토마스 만(Thomas Mann)은 자신의 소설 ≪토니오 크뢰거(Tonio Kröger)≫에서 "더할 수 없이 사랑하는 자는 패배자이며 괴로워해야만 한다"고 설파한 바 있거니와, 이런 맥락에서 볼 때 "못"은 '사랑의 못'일 수 있다. 이처럼 "못"에 다중多重의 의미를 부여함으로써 시인은 우리가 일상적으로 생각하는 부모의 가슴에 박힌 못의 이미지에 새로운 빛을 부여하고 있는 것은 아닐지? 이 시가 지극히 평범해 보이면서도 결코 평범한 작품일 수 없다면, 이처럼 "못"에 대한 다중의 의미를 읽도록 독자를 유도하기 때문이리라.

    삶의 현장에 대한 시인의 관찰 가운데 특히 우리의 눈길을

끄는 작품 가운데 하나는 시인이 심장 수술을 받던 때를 소재로 한 작품인 〈일상사〉다. 심장에 관한 두 편의 작품인 〈심장 1〉과 〈심장 2〉에서 밝히고 있듯, 시인은 60대 중반의 나이에 심장에 이상이 있음을 확인하고 수술을 받았다. 그때의 느낌과 깨달음을 생생하게 전하는 이 작품에서 우리는 삶에 대한 시인의 깊은 성찰을 읽을 수 있다.

가슴뼈를 빠갠다
심장을 멈춘다
펌프로 피를 강제 순환시킨다
대동맥을 자른다
인공 혈관으로 끼운다
심장을 다시 뛰게 한다

무서움으로
수술 이전에
나는 이미 초죽음이 되어 있었다

수술실에는
초록색 수술복을 입은
10여 명의 간호사들이
이리저리 오가며
서로 부르며
바쁘게 수술 준비를 하고 있었다

> 아
> 이곳에서는
> 나의 수술도
> 평범한 일상사 가운데 하나였구나
>
> ― 〈일상사〉 전문

 무엇보다 이 시의 첫째 연은 '현재형 시제'로, 둘째 연에서 넷째 연까지는 '과거형 시제'로 서술되어 있음을 주목해야 할 것이다. 시인은 우선 첫째 연에서 자신에게 행해질 수술의 절차를 현재형 시제로 담아 놓음으로써 수술의 현장감을 효과적으로 전한다. 아무튼, 둘째 연에서 넷째 연까지 과거형 시제로 서술함으로써 시인은 자신의 기록이 수술 후의 것임을 암시한다. 여기서 우리가 주목해야 할 것은 시인이 넷째 연에서 '이곳'이라는 표현을 동원하고 있다는 점이다. 만일 '이곳' 대신 '그곳'이라는 표현을 사용했다면, 퇴원 후의 기록으로 볼 수 있을 것이다. 하지만 '이곳'으로 묘사함으로써 시인은 자신의 기록이 수술 후 병원에 있을 때의 것―추측건대, 수술이 끝나고 의식을 회복했을 때의 것―임을 암시한다. 요컨대, 기록은 후에 이루어진 것이긴 하나, 아직 모든 기억이 현재의 것이나 다름없이 생생할 때의 기록이다.
 다시 첫째 연으로 돌아가자면, 시인은 수술이 어떤 절차에 따라 이뤄질 것인지를 구체적으로 의식하고 있다. "가슴뼈를 빠"개고 "심장을 멈춘" 후 "펌프로 피를 강제 순환"시키고,

이어서 "대동맥을 자른" 후 "인공 혈관으로 끼"우고 "심장을 다시 뛰게 한다." 아마도 이를 상상하는 것만으로도, 그런 수술을 앞둔 사람이라면 누구라도 "무서움으로" 인해 "이미 초죽음이 되어 있"을 수밖에 없었으리라. 아무튼, 시인이 "무서움" 때문에 "이미 초죽음이 되어 있었"을 때, "수술실에는/초록색 수술복을 입은/10여 명의 간호사들이/이리저리 오가며/서로 부르며 바쁘게 수술 준비를 하고 있었다" 이처럼 수술을 받는 사람이라면 누구라도 '예사롭게' 받아들이기 어려운 수술 과정에 대한 묘사와 수술을 앞두고 준비 작업을 이어가는 사람들의 '예사로운' 움직임에 대한 묘사가 대비되는 가운데, 또한 수술을 앞둔 시인의 '두려움'과 수술을 준비하는 간호사들의 '평상심'이 대비되는 가운데, 양자 사이에는 극적인 긴장감이 조성된다. 추측건대, "무서움" 때문에 "초죽음이 되어 있었"던 시인에게 간호사들의 바쁜 움직임은 낯설어 보였으리라. 아울러, 시인의 "무서움"에는 무관심한 듯 바쁘게 움직이는 간호사들의 낯선 모습으로 인해 그들 사이에 '혼자'였던 시인은 더욱더 "무서움"에 떨어야 했을 것이다. 이어서, 수술이 끝난 후 그 당시에 느꼈던 "무서움"과 간호사들의 바쁜 움직임을 기억에 떠올리며 시인은 새삼스럽게 깨닫는다. 병원에서는 "나의 수술도/평범한 일상사 가운데 하나"였음을.

    인간사가 다 그렇지 않은가. 수술을 받는 이에게는 아무리

무섭고 낯설게 느껴지는 일이라 해도 정작 수술을 주관하는 사람에게는 그 일이 일상사일 수밖에 없다. 아니, 일상사이어야 한다. 그렇지 않고서는 긴장감 때문에 제대로 수술을 시행할 수 없을 것이다. 다시 말해, 간호사나 의사가 수술을 "평범한 일상사 가운데 하나"로 받아들일 만큼의 평정심을 유지할 수 없다면, 어찌 원만한 수술이 가능하겠는가. 어찌 보면, 〈일상사〉는 수술 전에 그처럼 낯설고 야속해 보이기만 했던 간호사들에게 대한 이해의 마음까지 암시하고 있다 할 수도 있다. 아울러, 과거형의 시제가 암시하듯, 이 같은 새삼스러운 깨달음과 이해의 마음은 "무서움"에 떨던 바로 그 순간에 주어질 수 있는 성질의 것이 아니다. 어찌 깨달음과 이해에 이를 경황일 수 있겠는가. 이처럼 깨달음과 이해는 대상이든 사건이든 '형이상학적 거리'를 두고 볼 수 있게 되었을 때 비로소 가능한 것일 수 있거니와, 이 같은 정황을 솔직하게 담고 있기에 〈일상사〉는 그만큼 깊은 호소력을 지닐 시이리라.

삶의 현장에 대한 시인의 관찰을 보여 주는 작품 가운데 또 한 편 반드시 주목해야 할 예외적인 작품이 있다면, 논의 앞부분에서 언급한 바 있는 작품인 〈기회〉다. 물론 이 작품은 우리네 삶의 현장 자체에 대한 기록이 아니다. 어쩌면, 시인은 '동물의 세계'와 같은 종류의 다큐멘터리 영화에 눈길을 주고 있는 것은 아닐지? 그럼에도 불구하고,

이 작품은 우리네 삶에 대한 예민하고 날카로운 우화(寓話, fable)나 우의(寓意, allegory)로 읽힌다는 점에서 여전히 삶의 현장에 대한 시인의 관찰로 보인다.

    물소 떼 한 무리가 물을 먹고 있었다
    배고픈 사자 무리가 그들에게 접근하고
    물소 떼 가운데 오직 한 마리
    물을 먹지 않고 주위를 경계하던 우두머리 수소는 사자 떼의 은밀한 접근을 직감했다
    이윽고 사자 떼는 모습을 드러내고 물소 떼는 뒤돌아서 달아나기 시작했다
    미처 피하지 못한 어린 새끼 물소들의 뒤에서 우두머리 수소는 사자 떼에 맞섰다
    사자들은 우두머리 수소에게 떼 지어 달려들었으나 위풍당당한 그를 쓰러뜨리지 못했다
    이윽고 달아나던 물소 떼가 돌아와 우두머리와 합세했다
    사자 떼들이 물러섰을 때
    이변이 일어났다
    건장한 젊은 수소가 상처를 입고 힘이 빠진 우두머리 수소를 공격한 것이다
    그는 우두머리 수소를 사자 무리에게 떠밀곤
    물소 무리와 함께 초원 저편으로 유유히 사라지는 것이었다
    그날 사자 무리는 온 가족이 종일을 포식하였다
    — 〈기회〉 전문

사실 이 작품에 대해서는 기다란 논의가 필요치 않다. 시에 담긴 이야기가 스스로 그 의미를 명료하게 드러내고 있기 때문이다. 다만 시인이 이 시의 제목을 "기회"로 정했을 때 이 말에 무슨 의미를 담고자 했는지에 논의의 초점을 맞추는 것으로 충분하리라. 사전적 정의에 의하면, '기회'는 "어떠한 일을 하는 데 적절한 시기나 경우"(인터넷 국립국어원 표준국어대사전)을 뜻한다. 이 작품에는 "기회"를 암시하는 상황이 여러 번 제시된다. 예컨대, 사자 무리가 물소 떼에게 접근할 기회에서 시작하여 물소 떼가 돌아와 우두머리와 합세하여 사자 떼를 물리칠 기회 등등이 시시각각으로 제시된다. 하지만 이야기의 정점에 놓이는 것은 "건장한 젊은 수소"가 "우두머리 수소"의 자리를 차지할 기회를 노리는 상황이다. 물론 젊은 수소는 그 기회를 놓치지 않는다. 바로 이 젊은 수소와 같은 인간을 우리는 '기회주의자'라 부른다. 그리고 기회주의자의 기회주의적 행동 때문에 희생을 당하는 이가 있지만, 그럼에도 불구하고 사회는 아무 일도 없었다는 듯 제 갈 길을 간다. 요컨대, 이런 부류의 기회주의자 때문에 우리 사회는 겉으로 아무 문제가 없는 듯 "유유히" 흘러가지만, 그럼에도 그런 사회는 혼란스럽고 정의롭지 못하다. 하지만 이 시에서 시인은 '기회주의자'라는 표현조차 삼간다. 다만 우화적 또는 우의적 이야기를 통해 그런 존재가 우리 주변에 있음을 암시할 뿐이다. 이처럼 목소리를 낮추고 직설적인 비판의 언사를 자제하고 있기에, 시인이 전하는 우화 또는 우의는 그만큼 오랜 세월 강한 호소력을 잃지 않을 것이다. 또한 자신을 희생하는 "우두머리 수소"를 향한 시인의 따뜻한 마음, 비록 겉으로 드러나 있지는 않지만 그럼에도 시인이 마음속 깊이 간직하고 있을 그를 향한 사랑의 마음을 읽지 못할 독자는 없으리라.

4. 결結, 또는 논의를 마무리하며

이제 우리의 논의를 마감할 때가 되었다. 이 자리에서 우리가 거듭 힘주어 말하고 싶은 것은, 시적 대상과 관련하여 자신의 느낌과 판단을 겉으로 드러내든 드러내지 아니하든, 유자효 시인의 시세계를 환하게 감싸고 있는 것은 따뜻한 사랑의 마음이라는 점이다. 하기야 시적 대상을 향한 따뜻한 사랑의 마음을 결여한 시인이 어디 있겠는가. 하지만 유자효 시인만큼 '보편적인 의미에서의 사랑'을 적극적으로 탐구하고 이를 드러낸 시인은 흔치 않아 보인다. 따지고 보면, 이번 시집에 제목을 제공한 〈어디일까요〉도 대상을 향해 시인이 지닌 사랑의 마음을 응축하여 담고 있는 작품이라 할 수 있거니와, 끝으로 이 작품을 이 자리에서 함께 읽어 보기로 하자.

남들이 도저히 찾을 수 없는 곳에
나만이 아는 곳에 간직해주마
내가 가장 잘 약속을 지킬 수 있는 곳에
전쟁이 일어나도 파괴할 수 없고
그 어떤 폭력으로도 훔칠 수 없는
우주에서 가장 안전한 곳에 간직해주마
나를 믿으면
절대로 나를 믿으면
조금도 염려하지 않을 곳으로 데려가 주마
가난해도 좋고
병약해도 좋고
늙어도 좋다
그 어떤 힘과 권력이 위협한다고 해도
세상의 부가 사려고 해도
심지어 시간의 횡포로써도
도저히 빼앗아 갈 수 없는 곳에 간직하고 있으마
나는 너를 볼 수 있다
언제나 보고 싶을 때 너는 내 앞에 떠오른다
그 신비의 기억 속에 너를 간직하마
소중한 이여
      — 〈어디일까요〉 전문

 이 시에서 시인이 마주하고 있는 "너" 또는 "소중한 이"는 누구일까. 시인은 "가난해도 좋고/병약해도 좋고/늙어도 좋다"는 말을 통해 자신이 소중하게 생각하는 이가 누구

인지를 암시한다. 어찌 보면, 이는 우리네 삶의 현장에서 소외받고 무시당하는 모든 이를 지시하는 말이리라. 이는 또한 시인이 이번 시집의 마지막 작품으로 제시한 〈한들 거림〉에서 언급한 바 있는 "한들거리다 낮아지는/세상의 모든 것"을 지시하는 말일 수도 있다. (시인이 나이 일흔을 "상징"하는 의미에서 "70편"을 골라 이번 시집을 엮었다 말한 것을 앞서 주목한 바 있거니와, 이를 감안하면 〈한들 거림〉은 일흔의 나이인 시인의 현재 마음가짐을 반영하는 작품으로 볼 수 있다는 점에서 각별한 의미를 갖는다.) 요컨대, 〈어디일까요〉에서 말하는 "소중한 이"는 〈한들거림〉에서 밝히고 있듯, "때로는 홀씨처럼 떠돌다/계곡물에 실려 가기도 하고," 불행히도 "더러는 차도 위에/떨어지고/타이어에 밟혀 흔적 없이 사라"지기도 하는 세상의 모든 것일 수 있다. 비록 구체적으로 언급하고 있지는 않지만, "홀씨"라는 단어에 기대어 우리는 '민들레의 홀씨'를 떠올릴 수도 있는데, 시인에게 "소중한 이"는 이처럼 어디로든 날리다 아무리 척박한 곳에 자리하더라도 환하게 꽃을 피우는 민들레의 홀씨와 같은 이들이 아닐까.

 그렇다면, 시인이 말하는 "남들이 도저히 찾을 수 없는 곳"이기도 하면서 "내가 가장 잘 약속을 지킬 수 있는 곳"이자 "전쟁이 일어나도 파괴할 수 없고/그 어떤 폭력으로도 훔칠 수 없는/우주에서 가장 안전한 곳"이며, "그 어떤 힘과 권력이 위협한다고 해도/세상의 부가 사려고 해도/심지어 시간의 횡포로써도/도저히 빼앗아 갈 수 없는 곳"은 과연 어디일까. 이 질문에 대한 답은 아마도 시인이 〈어디일까요〉에서 암시하고 있듯 "신비의 기억 속"이리라. '신비의 기억 속'이라니? 무언가를 간직하고 있다가 "언제나 보고 싶을 때" 시인의 앞에 떠오르게 할 수 있다는 점에서, 이는 곧 '시인의 마음'을 지시하는 것일 수 있다. 이는 또한 시인의 시세계 자체를 지시하는 것일 수도 있거나와, 시인에게 자신의 시세계란 시공의 경계를 뛰어넘어 마음 안에 간직하고 있는 "신비의 기억"일 수 있기 때문이다. 하지만 시인이 그곳은 "남들이 도저히 찾을 수 없는 곳"이라 하지 않았는가. 여기서 우리는 사랑의 마음을 '결여한' 사람의 눈으로 보면 사랑의 마음으로 충만한 시인의 시세계는 말 그대로 "도저히 찾을 수 없는 곳"일 수밖에 없음을 힘주어 말하지 않을 수 없다. 모든 것을 종합하면, 그는 작고 연약하지만 척박한 곳에서 환하게 꽃피울 수 있는 '민들레의 홀씨'와도 같은 "소중한 이"들을 자신의 기억 속에, 마음 안에, 그리고 시세계 안에 "간직"하고 있다가 "언제나 보고 싶을 때" 떠올리고자 하는 시인인 것이다.

 확신컨대, 유자효 시인이 이번 시집에 제목을 제공한 〈어디일까요〉와 시집의 마지막 자리를 장식한 〈한들거림〉에서 암시하고 있듯, 그는 앞으로 계속 "한들거리다 낮아지는/세상의 모든 것"을 향한 사랑의 마음과 눈길의 강도를 늦추지 않을 것이고, 또한 이를 자신의 기억 속과 마음 안뿐만 아니라 시세계 안에 "간직"하는 일을 멈추지 않을 것이다.*

빛나는 시 100인선 · 041
유자효 시선집
어디일까요

초판인쇄 | 2016년 7월 04일
초판발행 | 2016년 7월 08일

지은이 | 유 자 효
펴낸이 | 서 정 환
펴낸곳 | 인간과문학사

주　소 | 서울특별시 종로구 삼일대로32길36
　　　　305호(익선동, 운현신화타워빌딩)
전　화 | 02)3675-3885, 063)275-4000
등　록 | 제300-2013-10호
e-mail | human3885@naver.com
　　　　inmun2013@hanmail.net

값 9,000원

ISBN 979-11-85512-82-2　　04810
ISBN 978-89-969987-4-7　　(전 100권)

* 저자와 협의하여 인지는 생략합니다.
* 잘못된 책은 바꿔 드립니다.

이 도서의 국립중앙도서관 출판예정도서목록(CIP)은 서지정보유통지원
시스템 홈페이지(http://seoji.nl.go.kr)와 국가자료공동목록시스템(http:
//www.nl.go.kr/kolisnet)에서 이용하실 수 있습니다.
(CIP제어번호: CIP2016016097)